陈健 著

县域农业转型

基于农业全产业链视角

上海交通大学出版社
SHANGHAI JIAO TONG UNIVERSITY PRESS

内容提要

本书以四川省青竹县的柑橘产业为例,基于嵌入性理论,运用田野调查法,阐释了青竹县柑橘产业的转型过程。从产业兴旺和小农户的主体性视角指出未来县域农业转型的方向:一是立足农民传统,从"去小农化"向"再小农化"转变;二是重拾农业价值,从"单一功能"向"多种功能"转变;三是创新合作形式,从"单一合作社"向"合作联合社"转变;四是整合社会资源,从"自我服务供给"向"社会服务供给"转变。本书为县域农业治理提供了政策参考,适合从事农业农村社会学的科研人员、涉农部门的工作人员以及心系"三农"事业的人群参考阅读。

图书在版编目(CIP)数据

县域农业转型:基于农业全产业链视角/陈健著.
上海:上海交通大学出版社,2024.12. —ISBN 978-7-313-31679-0

Ⅰ.F320.1

中国国家版本馆 CIP 数据核字第 2024D271X5 号

县域农业转型:基于农业全产业链视角
XIANYU NONGYE ZHUANXING:JIYU NONGYE QUAN CHANYELIAN SHIJIAO

著 者:陈 健				
出版发行:上海交通大学出版社		地 址:上海市番禺路 951 号		
邮政编码:200030		电 话:021-64071208		
印 制:苏州市古得堡数码印刷有限公司		经 销:全国新华书店		
开 本:710mm×1000mm 1/16		印 张:12.25		
字 数:178 千字				
版 次:2024 年 12 月第 1 版		印 次:2024 年 12 月第 1 次印刷		
书 号:ISBN 978-7-313-31679-0				
定 价:78.00 元				

序　言

　　2017 年 9 月,本书的作者陈健进入中国农业大学攻读社会学博士学位,我成为他的指导老师。读博期间,陈健孜孜好学,进步迅速,无论是课程学习还是研究工作,均获得社会学学科多位教师的肯定。在本人指导的所有硕博研究生中,他既发挥着优秀的学业榜样作用,也是师弟师妹们的解忧者,在融洽团队关系上发挥了很好的作用。他参与过国家社科基金、原国务院扶贫办脱贫攻坚经验总结及学院乡村振兴系列研究等多个课题研究,逐渐明确了从农业社会学视角研究农业转型的论文方向,并围绕该选题研读了大量文献,以踏实的态度和热情的精神投身田野调查中。新冠疫情发生时,正是他田野调研最重要的时期,他仍坚持高质量完成调查工作,为论文写作奠定了扎实基础。2021 年 6 月,陈健以优异的成绩通过博士论文答辩,如期毕业,是中国农业大学第一批社会学博士毕业生之一。入职江南大学社会学系之后,他还将研究成果以论文形式陆续发表在核心期刊上,现在他筹备将博士论文出版,并请我作序,我将补充本书的研究背景,并谈谈本书的学术价值与实践意义。

　　立足乡村全面振兴的宏观背景,国家一直鼓励和引导资本进入乡村,以期促进城乡要素流动,激发乡村经济活力,促进村民就近创业就业。地方政府也通过各类项目资金来引导社会资本投入“三农”的重点领域和关键环节。例如浙江省对社会资本投资农业农村重大项目最高奖励 5 000 万元,四川省一号文件亦提出政府统筹整合涉农项目资金来鼓励资本投入现代农业园区和产业集群发展。但现实中,资本下乡进程也对原有的农村社会结构和农业生产组织方式造成了一定的冲击,尤其是一些资本与农民利益联结较为松散的农业项目，攫取了乡村的自然资源，挤压了小农户的生存发展，引发了乡村的社会矛盾。因此，农业转型研究并非单纯的经济学命题，更是涉及多个农业经营主体和农村社会结构变迁的社会学命题。由小农户经营农业向资本经营农业转型的社会过程和实现路径，应当引起涉及农村农业社会学学者们的重视，以期为以小农户为基础，多元主体共同推进中国式农业现代化的发展路径提供学理探讨和政策设计。

陈健撰写的这本《县域农业转型：基于农业全产业链视角》，在广泛搜集与系统梳理文献和田野资料的基础上，从全产业链视角对县域农业从传统小农农业经营模式向现代资本经营模式转型过程进行了深入研究与思考，并为未来小农户与现代农业有机衔接的路径提供了针对性的政策建议，为产业兴旺的有效实施提供了一种新思路。通读全书，我认为本书具有如下三个特点。第一，立意新颖，视角独特。目前国内有关农业转型的研究成果不少，但传统上相关学科对此类社会现象的关注主要倾向于新自由主义的农业产业化理论；偏重政治分析的项目制研究和偏重经济的资本占取、隐蔽雇佣、实际隶属的农业转型。本书有力揭示了新自由主义农业产业化理论的盲点，及其对小农排斥的后果，同时又综合了后两种理论的视角，指出社会关系对资本进入农业产业化发展的关键性作用。从这个角度来说，本书较之于前人的研究是有真发现的，在理论和现实问题分析上都取得了创新性的进步，读来让人颇受震动。第二，资料翔实，论点明确。本书文献资料准备充分，引证规范，较好地吸收了国内外已有的研究，包括理论研究和经验研究的相关成果。同时，本书田野调查资料丰富，数据分析严谨规范，因此所获得的结论可信度比较高。在丰厚的理论积淀和丰富的田野资料支撑下，本书分析了资本进入地方政府打造的主导农业产业后，农业产业在农资供应、生产组织和销售秩序转型过程中都急剧走向"去小农化"和脱嵌于村庄社会的现象，并在此基础上总结了资本嵌入的农业转型所引发的经济社会结构变迁规律。第三，具有一定的政策参考价值。本书在分析资本进入农业的实践特点及问题的基础上，从立足农民传统、重视农业价值、整合社会资源三个方面，提出小农户与现代农业有机衔接的政策建议，可以为相关政府部门、农业经营主体、农业社会化服务主体等开展农业政策制定和服务提供经验借鉴,也可以为广大读者深入理解中国县域农业转型提供理论参考。

　　整体而言,《县域农业转型:基于农业全产业链视角》是一部全面、系统分析中国县域农业转型的力作,呈现出陈健博士优秀的学术功底与洞察能力,为农业社会学领域研究提供了实证参考和新的理论阐释视角,取得了可喜的突破,具有较高的学术价值和应用价值。热切期望该书能够引起社会各界的广泛思考和深入研究,为推动中国式农业农村现代化、实现乡村全面振兴提供更多建设性的意见。

中国农业大学人文与发展学院教授

2024 年 8 月 10 日

前　言

　　中国农业正经历着从传统农业向现代农业的转型过程,资本下乡一定程度上助推了现代农业的发展,并呈现出经营目标产业化、经营面积规模化、种植结构单一化的特征。立足"大国小农"的基本国情,从农业全产业链视角探讨资本下乡经营方式与小农户家庭经营方式之间的关系,对促进小农户与现代农业有机衔接,以及探讨中国式农业现代化的发展路径,具有重要的理论意义与现实价值。

　　为此,笔者基于四川省青竹县①柑橘产业的发展状况进行了田野研究,发现脱嵌于村庄社会的下乡资本,在经营方式、农资供应、生产组织和销售秩序等各方面形成了新的特点,一定程度上对传统的小农户经营造成了挤压。该过程并非完全由经济因素所主导,其中从农民经营到资本经营暗含着转型中的社会逻辑。资本下乡参与农业发展,广泛存在于县域农业产业转型升级的具体实践中。不同于经济学思想将收入弹性、生产率和连带效应视为农业转型的影响因素,社会学则在下乡资本与乡土社会的互动中,试图去探寻农业转型的嵌入性机制。本书则以农业社会学为学科基础,利用嵌入性理论,沿着资本进入生产环节、资本向上游农资供应延伸与资本向下游销售秩序拓展依次展开研究。

　　本书选择青竹县作为田野点的原因在于:第一,青竹县种植柑橘的历史悠久,以家庭经营方式为主的小农户长期成为柑橘种植的主力军,具有研究的代表性。第二,青竹县的主导产业经历过"柑橘—桉树—柑橘"的种植结

----

① 根据学术惯例,书中出现的市级以下地名以及人名、经营单位名,均为学术化名。

构变化过程,在市场作用下,柑橘产业也朝着商品化和规模化的方向发展。无论是纵向梳理县域农业转型过程,还是横向对比资本下乡的企业化经营和小农户的家庭经营,青竹县的柑橘产业转型都具有研究的典型性。第三,青竹地方政府将柑橘产业作为县域主导产业发展,并提供了相应的政策支持方案,这为研究提供了详实的田野素材。

本书共分为 7 章,第 1 章和第 2 章主要介绍了研究背景、研究目标和研究方法,并详细厘清了青竹县柑橘产业的历史嬗变和阶段性特征。第 3 章到第 6 章是本书的核心章节,重点讨论在农业生产环节、农资供应环节、产品销售环节,嵌入乡村社会的农户经营方式和脱嵌于乡村社会的资本经营方式的实践机制,并探讨资本经营方式对农业、农民、农地和农村的影响。第 7 章是结论与讨论,在总结本书观点的基础上,提出小农户与现代农业有机衔接的发展方向,对中国式农业现代化的发展路径提出思考方案。

研究发现,首先,资本进入生产环节后推动农业生产组织转型。家庭经营模式是嵌入乡土社会的生产组织方式。家庭经营的生产目标既包括经济层面,又暗含生活和社会层面,在差序关系和道义逻辑的影响下形成了不同类型的劳动力组合和成本核算方式。在政府项目扶持产业发展的影响下,资本进入柑橘产业进行规模化经营,由此推动产业生产组织从家庭经营向雇工经营转型,但囿于外来资本与乡土社会的张力,下乡资本遭遇了土地纠纷、雇工偷懒、排挤外地雇工等社会困境,最终其通过制度约束和关系控制稳定经营的持续性,但大规模的土地流转也挤压了小农户的生产空间。其次,为了降低农资成本,资本逐渐向上游延伸推动农资供应方式转型。新中国成立以来,中国农资市场经历了国家主导下的生产流通到市场化经营权的开放,并形成了农资市场的独家层级代理制,推动了农资企业和农资经销商的兴起。农资经销商受到乡土社会的软约束,其通过请客吃饭、赊销等方式嵌入乡土社会,进而获取与农民交易的机会。但资本向上游延伸后,青竹县成立了由龙头企业牵头,以规模化经营户为成员的产业联盟,以低价共同购置农资产品,相对于小农户获得了成本优势。后期,龙头企业通过订单农业模式,促使小农户从企业统一采购农资,造成农资经销商的销售业务急剧下降,原本嵌入乡土社会的农资经销商被挤出产业场域。最后,资本将触角延伸到了销售端,推动农产品销售秩序转型。在经济作物种植未成为热潮之前,柑橘产量和消费者需求呈现"双低"样态,小农户需要外出寻找销售渠道。柑橘市场需求量激增后,柑橘销售秩序从"行商"向"坐商"转型,收购商开始下乡收购农产品。"坐商"秩序带动了农产品经纪人的出现,嵌入乡土社会的经纪人成为小农户对接收购商的桥梁。但伴随柑橘市场的扩大,为种植大户和大型收购企业服务的电商平台、柑橘文化节等销售模式开始兴起,这些脱嵌于乡土社会的销售模式使农产品经纪人的功能逐渐丧失,小农户的产品销售渠道却没有得到扩展。此外,县域农业转型对村庄社会产生了一定的影响:一是社会生产出现了新特点,经营主体的生产决策受多重影响,新品种和专业型的生产技术受到种植户的青睐,种植结构选择趋向"非粮化";二是促进了新型农业经营主体的兴起;三是脱嵌于乡村社会的资本经营方式改变了小农户的生计结构。

本书从理论上探讨了资本下乡后县域农业转型的过程,并对全书的基本观点进行了总结和概括。总体而言,本书是以青竹县柑橘产业发展为例所作的质性研究,以嵌入性理论作为基础,对资本下乡参与柑橘全产业链过程进行了系统分析,区分了嵌入乡土社会的农户经营和脱嵌于乡土社会的资本经营之间的差异,说明了资本下乡对小农户和乡村社会造成的影响。在"大国小农"的宏观背景下,借此研究,审视中国现代农业发展之路,小农户与现代农业的有机衔接应当是嵌入乡土社会的组织形式与发展路径,资本下乡在产业链各环节需要注重乡村的社会基础。希望本书浅见能对农业农村社会学理论工作者以及在"三农"中从事实际工作的同仁有所借鉴,能对中国农村农业社会学的发展有所裨益。

本书在撰写过程中,虽几经易稿,但因个人水平限制,一定有不少欠妥之处,恳请读者批评指正。

陈　健

中国农业大学小白楼

2021 年 6 月 18 日

目　录

第 1 章
导　　论

　　众所周知,社会主义现代化是中国两个世纪以来的重要奋斗目标。根据邓小平提出的"三步走"战略,中国预计将在 2050 年基本实现现代化,这一目标与每一个人的未来息息相关。现代化的发展是人类历史上的一次重大社会变革,其中农业文明向工业文明的转变成为现代化的核心标志之一。在这个宏大的现代化工程中,工业化只是其中的一个方面,农业现代化同样是这个过程中不可或缺的重要组成部分。尤其在全球化的推动下,农民被卷入到全球分工体系中,发达国家和发展中国家的农业市场日趋整合,各国都在不同程度地从传统农业(traditional agriculture)向现代农业(modern agriculture)转型。所谓传统农业,是以家庭为主要经营单位,依赖代际传承的农业技艺开展农业活动,以自给自足的自然经济为主导。其特点是多风险性、低收入性和具有高劳动强度(朱启臻,2009)。传统农业生产活动的定规具有稳定性,其技术固定不变,农业要素由祖辈传承而来,几乎没有任何新的农业要素被引入。但随着现代社会与市场经济的紧密结合,"日出而作,日落而息"的传统农业已经无法与全球化市场体系相适应,因此需要引进现代农业生产要素来改造传统农业(舒尔茨,2006)。现代农业是以现代生产资料和科技武装及经营管理的商品化农业,具有高效化、商品化、集约化、科学化、规范化等特点(黄国庆,2012),其经营方式也从家庭经营扩展到公司化和企业化经营。

1.1 研究背景与研究问题

1.1.1 研究背景:农业现代化

纵观历史,英国是全球首个完成农业现代化的国家,其农业转型肇始于资本主义生产关系引发的"圈地运动"。这一运动由以商业性为目的的租地农场主发起,从社会内部撬动了英国农业现代化,开辟了一条经典的农业资本主义发展道路(史美兰,2006)。在大革命风潮下,德国也走上了农业现代化的道路,与英国不同的是,德国的"普鲁士道路"是由上层统治阶级发起的资本主义农业(伯恩斯坦,2011)。相较而言,美国的农业现代化是在地广人稀的自然条件和优惠土地政策下实现的,美国农业具有高度商品化、集约化和规模化特征,通过国家与资本的联盟,规模化的雇用农场逐渐成为美国农业主要经营形式(张新光,2008)。

改革开放以来,随着市场化和城镇化的不断深入,中国农业也向着现代化发展,资本下乡成为推动现代农业发展的重要力量。与西方国家农业现代化道路不同的是,立足于"大国小农"的基本国情,中国式农业现代化道路需要引领小农户衔接现代农业,这也是乡村振兴战略的基本要求。但是,当下的农业转型存在以下样态:其一,在市场的驱动下,农资商品化、土地规模化、劳动力雇佣化、农业机械化等趋势,成为农业产业发展的主流方向;其二,中国传统农业向现代农业的转型步伐加快,传统的"男耕女织"家户模式逐渐式微,取而代之的是以社会分工为基础的新型农业经营主体;其三,资本下乡和农民分化推动着中国农业向规模化和产业化方向发展(严海蓉、陈义媛,2015)。新型农业经营主体一方面通过大规模土地流转使小农户退出生产环节,另一方面通过控制农业产业链上下游,迫使小农对新型农业经营主体产生强依附(陈航英,2020)。

众所周知,小农农业是生发于乡土社会的传统农业组织方式。然而,以资本下乡为特征的农业现代化转型多呈现出脱嵌于乡土社会的"去小农化"趋势,这显然不符合中国"大国小农"的基本经营格局。目前,国内学界普遍认为,中国式农业现代化是建立在小农户家庭经营基础上的现代化(孔祥智、谢东东,2023)。因此,如何在传统农业改造中提升农民的人力资本,促进小农户走向规模化经营,实现小农户与现代农业发展的有机衔接,是中国式农业现代化转型的核心命题(肖剑、罗必良,2023)。此外,中国式农业现代化要处理好城乡关系,县域是推进城乡融合发展的重要切入点。2022 年5 月,中共中央、国务院印发的《关于推进以县城为重要载体的城镇化建设的意见》指出,要增强县城产业支撑能力,重点发展比较优势明显、带动农业农村能力强、就业容量大的产业。党的二十大报告提出,加快农业强国建设,扎实推动乡村产业振兴。这些政策表明,国家高度重视"一县一业"发展,推动县域农业治理现代化已成为基层党委和政府的重要工作。近年来,部分地区以地方特色农业为基础,打造出一批现代农业集群模式,如怀远石榴、奉化水蜜桃、洛川苹果等特色水果产业。这些典型模式的推广不仅提高了当地农民的生活水平,还通过延伸二、三产业的融合发展,促进了城乡要素的流动,有效助推了县域城镇化建设。因此,推动县域农业转型,实现小农户与现代农业的有机衔接,或将成为中国式农业现代化的未来图景。

学界在研究农业转型过程中通常选择具体产业作为棱镜。中国柑橘种植已有上千年的历史,柑橘的药用、食用和经济价值广受国内外关注。改革开放以来,随着栽培技术的进步和人民消费结构的转型,柑橘产业在中国日趋繁荣,种植面积(见图 1-1)和产量(见图 1-2)均居世界前列。其中,种植面积从 1978 年 177.87 千公顷扩大到 2018 年 2 486.69 千公顷,产量则从1978 年 38.27 万吨增至 4 138.14 万吨(国家统计局)。在国内水果市场上,柑橘的消费额仅次于苹果,拥有庞大的消费群体和广阔的市场空间。不仅如此,柑橘产业在南方农村经济结构中占据重要地位。古籍《禹贡》记载四千多年前的夏朝,江苏、江西、湖南、湖北等地生产的柑橘,已列为贡税。《史记》也提到"蜀汉江陵千树桔,……此其人皆与千户侯等",可见在四川,柑橘种植历史悠久,人们很早就种橘致富了。2018 年 7 月,笔者前往四川省青竹县调研,在田野考察中对柑橘产业的发展留下了深刻印象,改变了笔者对农村空心化的看法。当地家家户户种植柑橘,柑橘产业在促进剩余劳动力就业、增加农民经济收入和推动农村社会发展方面发挥了重要作用。柑橘、竹编和机械是青竹县三大支柱产业，该县素有"中国椪柑之乡"的美誉。青竹县自然气候土壤条件得天独厚，是全国晚熟柑橘发展的最适区。目前，全县柑橘种植面积超过 10 万亩，年产量超 10 万吨，年产值达 14.5 亿元，已成为四川省最大的晚熟柑橘生产基地之一。

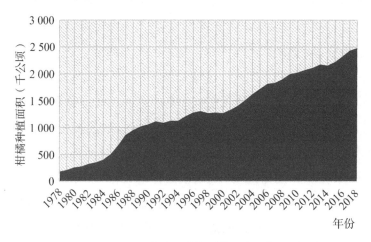

图 1‑1　1978—2018 年中国柑橘种植面积（单位：千公顷）

注：资料来源于国家统计局。

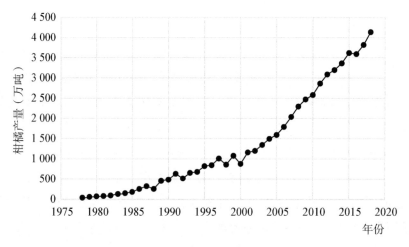

图 1‑2　1978—2018 年中国柑橘产量（单位：万吨）

注：资料来源于国家统计局。

　　然而,柑橘产业一旦遭遇市场价格下滑或柑橘黄龙病的侵袭,单一的种植结构将面临巨大风险。青竹县的柑橘产业历史上曾经历两次低谷期,均验证了这一点。在价格持续下跌的情况下,柑农大面积砍伐柑橘树,改种对劳动力需求较少的桉树。2013 年,青竹县将柑橘纳入全县主导产业后,为稳定柑橘种植面积,建设了现代农业产业园区和高标准果园。政府通过招商引资吸引了大批工商资本下乡,许多原本从事建筑、家电等行业的企业主进驻青竹县,从事规模化柑橘种植。同时,政府鼓励当地柑农从小户经营转向50 亩以上的大户种植发展,并给予优惠政策和资金支持。在政府的政策导向下,农民分化进一步加剧,市场主导的现代农业逐渐将小农户排挤出生产环节,导致小农和资本之间的利益冲突和紧张关系加剧,农业社会结构也悄然发生变化。因此,农业转型不仅是经济发展过程,同时也是农业社会的转型过程,其中隐藏的社会问题亟待深入挖掘和梳理。

　　鉴于此,青竹县柑橘产业转型的过程可以概括为:地方政府选择柑橘作为主导产业,吸引资本下乡开展规模化经营,资本在政府政策的支持下实现产业落地,推动了青竹县柑橘由传统作物向规模化和产业化转型。值得注意的是,农业转型不仅体现在生产环节,资本在完成土地流转和雇佣经营后,会逐步向产前的生产资料供应和产后的销售环节延伸,最终延展到整个产业链。这一趋势对小农户的生存与发展造成了挤压。当前,诸多现代农业发展模式均强调规模化和产业化,导致越来越多的小农户难以在资本下乡的企业化经营模式中享受到现代农业发展的红利。为此,国家在乡村振兴战略的部署中,重点提出建立小农户与现代农业的有机衔接机制。青竹县积极响应这一号召,后期建立了农业产业化联合体,以整合县域内的农业经营主体,实现了联合体联农带农的目标,推动了传统小农向现代小农的转型。本书以四川省青竹县的柑橘产业为例,重点研究资本下乡后,传统农业向现代农业转型中,资本在产业各环节中的行动逻辑,以及对小农户造成挤压的社会过程。同时,本书还探讨了推动小农户与现代农业有机衔接的具体路径。希望通过揭示这一现象,为未来中国式农业现代化的发展提供路径参考。

1.1.2 研究问题

改革开放以来，全国掀起了工业化和城镇化的浪潮，同时农业现代化也在深入推进。在各地县政府努力打造特色产业以实现农业现代化的过程中，传统作物的小规模种植方式逐渐式微，农业向规模化和产业化转型。大量资本受到政策吸引，开始下乡投资农业生产，通过流转土地和雇用工人从事规模化农业生产经营。此外，资本的触角不仅渗透到生产环节，还延展至产业的上下游，对当地的小农农业造成了挤压。然而，脱嵌于乡村社会的农业经营方式很难获得当地农民的支持。在此情况下，推动小农户与现代农业的有机衔接，使外来资本与熟人社会相融，才能促进多元主体在产业发展中形成良性互动，从而实现县域农业从传统经营方式向现代经营方式的转型。可见，县域农业转型是一个交织多种社会关系的结构变迁过程。本书的核心问题是，在县域农业向现代经营方式转型的过程中，下乡资本是如何从生产环节延展到全产业链，并打破原有嵌入乡土社会结构的经营模式的？本书以四川省青竹县柑橘产业作为个案进行分析。

1.1.3 研究意义

农业转型让社会学研究者们认识到一个基本事实：农业转型看似是经济问题，但其本质是一个社会问题，它涉及转型过程中利益相关方的互动和博弈，包括龙头企业与地方政府之间的联动，以及新型农业经营主体与地方社会中小农户的利益互动。这就为深入考察农业转型中的结构变迁提供了可研究的扩展空间。

就理论层面而言，本书引入农业社会学中的马克思主义政治经济学理论传统，结合嵌入性理论，能够有效地与既往研究展开对话，在一定程度上改变了产业研究的行动取向而引入了结构分析，进而丰富了社会学关于农业转型的探讨。在承认相关主体行动作用的同时，将关系要素纳入农业转型的研究，正是本书研究的理论创新和意义所在。

就现实层面而言，对四川省青竹县柑橘产业转型进行具体考察，有利于呈现中国农业现代化发展的历史嬗变与基本特征。特别是对资本向上下游延伸中经济行动背后社会机理的勾勒,能够厘清政府和资本在推动县域农业转型过程中面临的社会问题,这将有助于改进国家推动农业现代化的发展思路。在乡村振兴战略的指引下,分析小农户在农业现代化进程中的处境,可以为小农户与现代农业的有机衔接提供一些启示,同时也为选择产业兴旺的实现路径提供一些思考。

1.2　文献回顾及述评

1.2.1　资本下乡与农业转型

黄宗智和严海蓉立足于中国农业转型探讨资本概念,双方持有不同的看法。黄宗智等结合宏观数据和微观案例分析后认为,中国农业的雇工比例大约为 3%,故而认为家庭农场依然在中国占据主导地位,其原因之一是人口增长导致单位土地面积减少,即农业内卷化排除了以雇工为主的经营型农业。还有一种解释则源于食品消费结构变化引起的农业转型,即认为消费市场对"资本劳动高密集型"农产品的需求量在不断上涨,中国农业必然会走向去内卷化,并产生剩余劳动力,但家庭农场依然是基本的经营单位,只不过形成了"半耕半工"状态,小规模农业依然占据主导地位(黄宗智等,2012)。在这场隐形的农业产业变革中,推动农业转型的动力并非完全来自下乡资本和部门资本,农户非农收入的自有资本投入实际上是推动农业转型的主力,农业投资的主体是家庭,而非下乡资本(黄宗智、高原,2013)。随着城镇化的发展,许多农民选择"离土不离乡"来获得工资性收入。非农就业机会和工资收入的提高改变了农民的收入预期,使他们更倾向于向传统农业支付固定和流动收入,并通过投资机械和农药来替代人工劳动力。换句话说,农民将自己的工资收入投入自家的农场实现转型(黄宗智、高原,2013)。基于以上分析,在黄宗智看来,所谓的资本并非用于产生剩余价值,而是家庭生产所需的储蓄、设备、土地、房屋等物的总和。

严海蓉等学者则持相反观点,严海蓉等(2015)反对将自有资本投资视为农户主动选择的结果,认为农户增加农资投入是生产资料商品化的无奈之举。农民分化现象一直存在，在政府和资本的双重推动下，种植户可能发展为雇佣式的家庭农场或联合成为农业企业，从而形成自下而上的农业转型动力。严海蓉等学者通过计算得出，中国农业的雇工比例远高于3%，资本下乡的探讨并非局限于农业雇工，许多小农虽然存在，但已经逐渐融入农业产业链条，其独立性在逐渐丧失（严海蓉，2015）。有学者以河镇农业经营主体的兴起为例，反驳了黄宗智的观点。该镇的农业雇工比例超过30%，规模化经营主体强势推动了农业转型以及农业生产关系的变革（孙新华，2015）。基于严海蓉等学者的分析，下乡资本会投入更多的生产资料以获取高额利润，这一路径需要通过雇用劳动力来实现。

正如笔者前文所言，当前资本下乡造成部分小农户被挤出现代农业的发展道路。在青竹县的柑橘产业向规模化和产业化转型的过程中，营利性的下乡资本在该过程中占据了重要作用，但一部分小农户依靠自有资本依然获利，实现了从传统小农向新型农业经营主体的转型。

1.2.2　农业转型的外部动力

目前学界普遍认为，农业转型的外部动力主要来源于市场和国家。在这一背景下，工商资本和部门资本进入农业的合理性问题成为学界争论的焦点（罗浩轩，2018）。

1）农业转型的市场动力

现代农业的魅力在于改变了人力劳动和土地相结合的传统生产方式。在消费市场的驱动下，工商资本下乡成为自上而下引入现代性要素的重要途径（徐勇，2002）。资本下乡后多参与农业产业化经营，并根据区域和产业特点选择多种类型的运作模式，例如"资本＋公司＋农户""资本＋基地＋农户""资本＋合作社＋农户"等（杨水根，2014）。然而，资本下乡并非一帆风顺，"成本高，风险大"是资本农业的主要特征，倘若失去政府的资金支持，下乡资本在市场价格下跌后往往难以维持，可能会转战其他行业（叶敬忠等，2016）。此外，作为外来者，下乡资本和村民互动中无可避免的利益冲突，成为资本下乡的社会困境（陈义媛，2019）。为此，一些学者借用嵌入性理论，认为下乡资本需要通过关系嵌入来扩大自身在当地的社会关系网络，以获取本地资源和缓解利益冲突(许悦、陈卫平,2020)。另一些学者则从治理层面提出,基层政府需要兼顾政府、市场和社会多个维度,通过明确制度规则、重构激励体系、促进农民组织化和构建维权机制来实现利益冲突的有效治理(李云新、王晓璇,2015)。

2) 农业转型的国家动力

农业转型的推动力量离不开国家干预(Pincus,1990),国家干预甚至会在技术进步和农业商品化的过程和具体形态中发挥决定性作用,因此,单纯通过技术和市场来分析农业转型远远不够,需要将国家因素纳入农业社会的框架中进行分析(龚为纲、张谦,2016)。在我国,国家启动部门资金发展农业主要遵循两个内在逻辑:一是对推动资本下乡和土地流转予以高度重视。例如,2020 年中央一号文件明确提出:"引导和鼓励工商资本下乡,切实保护好企业家合法权益。"在此背景下,农业转型不仅是经济问题,也是政治问题。为了完成任务,地方政府给下乡资本大量的部门资金扶持,鼓励他们通过流转土地发展规模农业,间接推动了农业规模化的发展(王海娟,2015)。二是建立明确的治理目标体系。地方政府通常鼓励农村的地方能人,例如种植大户等积极参与,并通过政策补贴等方式,调动其发展规模农业的积极性,树立典型,从而实现农业改造计划,发展乡村社会(Hart,1989)。例如,曾红萍(2017)发现,当国家制定生猪规模化的养殖目标后,承接项目资源的地方政府重塑了生猪经营组织结构。一方面,地方政府通过项目资源吸引资本下乡,培育规模化养殖主体;另一方面,通过畜牧结构改革推动小农户逐步退出养殖环节,从而推动地方生猪规模养殖率的大幅提升。那么,地方政府如何完成上级下达的工作任务?项目制成为国家推动农业转型的重要手段,国家将项目专项资金进行层层"发包",下级政府竞争项目后将各种项目捆绑成项目工程,通过"打包"动员使用方的资源,最后由村庄"跑项目"进行"抓包",通过项目输入实现村转的公共治理(折晓叶、陈婴婴,2011)。为迎接上级对项目的考核验收,地方政府通过项目专项资金对种植大户和农业企业进行全方位扶持,以降低项目实施的治理成本(龚为纲,2015),这进一步为资本开展规模化经营提供了便利,反观小农户却难以享受到政策红利。

1.2.3 农业转型的实现路径

伴随农业现代化浪潮的出现,土地流转和劳动力商品化成为农业转型的显性路径,大型农场通过土地流转和雇用劳工取代家庭经营。此外,当代小农户已经整合到市场的链条中,看似独立自主的小农户实际被上游的农资市场和下游的流通领域所左右(武广汉,2012),其生产受市场影响巨大。

1) 显性路径:土地流转与雇用劳工

自 20 世纪 80 年代起,中央政府就开始鼓励土地流转。1984 年,中央一号文件提出鼓励耕地逐步向种田能手集中,无力耕种或转营他业的农户可以通过协商转包的方式转出土地。在 20 世纪八九十年代,土地流转受到一定条件的限制,多是关系型土地流转,农村的农业生产仍以农户家庭小规模经营为主。进入 21 世纪后,随着农村劳动力的大量外出和日益严重的土地抛荒现象,大规模土地流转开始显现。国家允许农民通过转让、互换、入股、出租等多种形式流转土地,发展适度规模经营。在许多政策文本和学术话语阐释中,土地流转能够提高农业的经营效益,保障粮食安全,是农民的理性选择,并能促进剩余劳动力的转移和就业。然而,有学者认为,土地流转有以下难解之处:基于现实来看,土地流转不一定带来收益的增加,也并非农民的自由选择,很多土地流转后并非种植粮食,同时与外出务工和地方就业的关联性较弱(叶敬忠等,2016)。有学者认为,资本下乡成了大规模土地流转的动力机制,对于处于产业链上游的农业企业而言,他们通过土地流转种植经济作物来为高附加值的终端产品提供充足的原材料。由于经济作物与市场高度的关联性,相较于粮食作物,它们面临更大的市场风险,因此在具体的劳动过程中农户所获得的收益是微薄的(马流辉,2016)。还有学者在中国广西发现,地方村民进行的"亲密性土地攫取"。随着人工林种植协会的出现,一些村民利用经济或超经济手段,从当地或附近的村集体获得了土地控制权,并成为协会成员,这一过程往往以牺牲邻居和亲戚的利益为代价,最终从集体土地中获益。村民获得并维持对土地控制的能力并不总是弱于资本丰富的(外部)公司。事实上,由于机构设置以及邻近的社会和地理因素,村民这方面能力有时甚至更强(Xu,2018)。另有学者在湖北省涪陵区的 9 个乡镇进行研究,发现土地流转后只有 20% 的土地用于粮食生产, 其余土地则转向经济作物的种植或发展观光农业,资本下乡后的"非粮化" 现象明显,对粮食种植造成了一定冲击(焦长权、周飞舟,2016)。当下,下乡 资本都在利用土地流转推动农业规模化,并将小农推向商品化。土地流转 完成后,农户需要雇用劳动力来维持农场的作物生产,失去土地的农民也随 之丧失了农业生产过程的自主性,资本视雇用为生产的工具,通过生产环节 的拆分,使农民逐渐向工人角色转变,强化了商品化劳动力的身份,同时也 僵化了农民与土地之间的关系(潘璐、周雪,2016)。

2) 隐性路径:资本进入农资和销售环节

直至今日,家庭农业在大多数国家依然存在,并非完全被资本所吞噬, 许多西方学者从不同的视角对其存续的原因进行了阐释,其中最核心的解 释就是资本通过控制产业的上下游对小农进行挤压。弗里德曼(Friedman, 1978)基于对美国小麦市场的调研发现,家庭农业有着优越的灵活性,具有 与资本农场相抗衡的能力,在市场价格低迷的时期,家庭农场能够将消费水 平降低到最低生活水平。曼和迪金森(Mann & Dickinson,1978)认为,资本 没有完全渗入到农场的"异常"秘密,在于农业的自然特征使得资本对农业 领域缺乏兴趣。一是农业的生产时间与劳动时间分离,导致劳动使用效率 较低,即使在非劳动时间,资本依然需要支付长工的雇用工资(艾利思, 2005);二是资本农业涉及大量沉没成本,在非劳动时间,机械、厂房和土地 等资产不仅在稳步贬值,甚至可能停滞数月之久;三是相对于工业产品,农 产品较易腐烂,特殊的物理特性对其运输构成了绝对限制,进一步削弱了其 作为资本生产对象的适应性(Carolan,2012)。

穆尼(Mooney)对曼和迪金森的观点进行了批评,认为家庭农业也是融 入资本的发展逻辑的。穆尼(1983)将这种逻辑称为"迂回"的隐性路径。雇 用农场对家庭经营的挤压只是资本对农业渗透的一种形式,如上述的"迂 回"方式,正是资本通过对农业上下游的控制来挤压家庭农业的重要路径 (桑坤,2019)。此外,穆尼(1987)借用韦伯的理性概念解释了农民接受"迂 回"路径并保留农业生产的原因,即主要是农民想要对自己的生活和生产方 式拥有自主权和支配权。

在我国发展现代农业的过程中，家庭农业的存续在一定程度上为资本下乡经营提供了便利，农民看似拥有生产自主权，实际上也难以完全摆脱资本打造的农业产业链条。如何保护小农户的利益，帮助他们更好地融入农业产业链条，享受现代农业发展的红利，是我们现阶段的重要任务。

1.2.4　资本下乡的社会影响

资本下乡是生产力发展到一定阶段的历史选择，具有客观必然性（陆自荣，2020）。然而，资本下乡也造成了一些社会后果。一是对农业造成的影响。资本在大田作物种植环节无利可图，于是多通过流转土地从事"非粮化"生产，对稳定粮食安全造成负面影响（贺雪峰，2015）。二是对农民造成的影响。资本下乡后，很多农民从业主变成了雇工，造成资本依靠自身优势对小农户进行排挤的现象（陈锡文，2010）。以水资源为例，农业资本青睐于选择水源丰富的土地进行流转，通过改变村庄的用水格局，挤压小农户的水源获取空间，对村庄的资源环境和社区发展均造成一定的威胁（李华等，2018）。陈航英（2019）在对宁夏南部蔬菜产业的调研中发现，资本下乡改变了"人水关系"，水权逐渐由家庭农户向规模性的资本农业靠拢，资本利用资金和技术优势强势垄断水权，导致本地小农户人水分离，这种资源的无限度攫取势必会影响农民的正常生产和生活。三是对农村社会造成的影响。地方政府和村民对资本下乡的期待是能够借助资本优势发展现代农业，提高农民的生活水平，然而现实中却呈现出一些意外的相悖结果。一方面，资本的实用主义和利己主义倾向对乡土传统规范机制造成冲击，导致村庄秩序结构面临失衡的风险。另一方面，资本对村庄不可再生资源的掠夺性开发，导致土壤污染、资源浪费、生物多样性建设等问题，环境污染和生态危机日益严重（赵祥云、赵晓峰，2016），一定程度上削弱了未来乡村振兴的基础力量。

1.2.5　农业转型的社区动力与小农户衔接现代农业

如上文所述，农业转型具有历史选择的客观性，但不可否认的是，工商资本下乡确实对乡土社会造成了一些负面影响。陈义媛(2019)认为,这些问题的根源并不在于资本的"外来性"或乡土社会的"排他性",而在于资本和农户之间的利益无法有效弥合。相反,徐宗阳(2016)在考察后发现,资本下乡失败的根本原因在于"外来"资本难以扎根乡土,缺乏与乡土社会的长期互动与深度融合。事实上,上述两位学者论战的焦点是同一问题的两种类型,资本下乡失败的原因既包括利益冲突,也与缺乏社会基础有关。因此,有学者认为,无论是"政府干预说"还是"资本动力说",都无法充分解释农户在自身资本积累后自发形成的农业转型,这类农业转型源自村社统筹和村庄动员下以小农户为主体的社区动力(陈靖、冯小,2019)。村社统筹机制是推动农业转型的内在动力,它能够推动"传统小农"向"现代小农"转化,实现小农户与现代农业有机衔接。

2019 年,国务院颁布了《关于促进小农户和现代农业发展有机衔接的意见》。该报告提出,在坚持家庭经营的基础上,围绕提升小农户的发展能力、组织化程度、增收空间,建设社会化服务体系以及加强政策扶持等方面,帮助小农户成为现代农业发展的受益者。该文件清晰阐释了小农户与资本之间利益冲突的解决之道。一是坚持小农户的主体性地位,尊重农户生产方式的自我选择,防止"人为垒大户,排挤小农户"。二是提升小农户发展能力,鼓励他们利用自有资本发展成立家庭农场、农业企业等,成为新型农业经营主体。

为秉承政策理念,一些学者提出通过发展农民专业合作社来实现小农户和现代农业的有机衔接。这一建议既符合马克思主义合作思想的传统要求,也契合中国"大国小农"的真实情境。合作社的本质是人的联合,借助合作社载体,能够有效将分散的小农户联合起来,提升小农户的话语权和生产力,与此同时,适度的资本嵌入也有助于合作社实现短期融资(任大鹏、赵鑫,2019)。要实现适度资本嵌入的合作社发展,需要从多方面提供支持。一是加速农业劳动力转移,实现合作社的适度规模经营;二是培育小农户的自有资本,实现多元资本融合互补;三是发展智能化和信息化农业技术,满足市场的个性化需求;四是培养职业农民,满足现代农业精细化的技术管理(陆自荣,2020)。陈义媛(2019)则从下乡资本和家庭农场的关系切入,指出村庄社会具有稳定的结构特征,农业生产要素嵌在村庄的社会关系网络中。下乡资本若想获取村庄资源,必然要尊重并适应乡土的规范和价值。本地家庭农场因其将人情网络融入农业经营的优势,被资本吸纳进产业链中时,可以作为缓和外来资本和本地农户之间关系的润滑剂,帮助化解资本遭遇的社会困境。以上两种方式均属于新型农业经营主体引领型,而在社区动力下自发形成的小农户与现代农业有机衔接方式则隶属于内源式农业转型。以村集体为基础的农业组织化,通过要素整合和公共服务供给为小农户提供服务,不仅维护了小农户的经营主体性,也巩固了农村社区治理和农业发展的基本单元(潘璐,2021)。

1.2.6　研究述评

关于农业转型话题的讨论经久不衰,溯源于马克思主义和恰亚诺夫传统的农业社会学更是将这一议题推向了激烈的探讨和论争,列宁、考茨基、伯恩斯坦、范德普勒格、黄宗智等后继者更是将这一话题扎根于实践进行拓展分析。进入 21 世纪,随着中国城镇化的发展和融入全球市场经济体系,中国农业也发生了剧烈变迁,这也引起了国内学者的广泛关注。

既有文献对中国农业转型的进程、机理和方向等问题的研究为本书提供了重要启示。通过梳理发现:首先,无论是马克思主义还是恰亚诺夫传统,对农业转型都有不同的定义和理解,值得注意的是,在商品化和资本下乡快速发展的过程中,马克思主义传统仍是研究农业转型的主流范式,并具有一定的解释力。从马克思、列宁到毛泽东,均将生产力和生产关系作为研究农业转型的切入点,并坚持认为农业转型必然会导致农民分化。其次,关于资本下乡的社会后果,国内存在两种不同的观点:一方面,有人认为资本下乡推动了技术进步和经济发展;另一方面,有人认为资本下乡对农村的生态环境、农民权利和传统文化造成了威胁。面对这种威胁,解决之道的核心在于弥合资本与农户之间的冲突,这也与乡村振兴战略中提出的"促进小农户与现代农业有机衔接"的政策理念相契合。基于此,学界针对农业转型问题的研究不断深入,但仍存在一些可拓展的空间。

其一,既有研究在农业转型的分析框架上多未能有效脱离"国家-市场"的政治经济学传统,其研究场域也仅限于乡村社会,鲜有从社会学视角拓展农业研究的社会边界和地域空间,因此,对于县域农业转型的探讨有待进一步深化。

其二,既有研究揭示了较多资本下乡失败的案例,并将失败原因归结于外来资本与乡土社会之间不可调和的张力,导致各类资本主导的产业难以落地。然而,这些研究忽视了在地方政府的扶持下,许多工商资本成功实现了产业落地的现象,其原因在于下乡资本通过消解乡土社会结构产生的阻力来推动产业落地,但这一结构变迁的过程鲜有触及。

其三,学科不同方向内的交叉视角有待引入。农村社会学学者多习惯于透过某一具体农业产业去厘清农业转型的动力、过程和后果,而产业研究同样也是经济社会学领域的主要研究对象,并已形成一套经典的研究范式。其中嵌入性、网络主义、新制度主义、理性行动等分析方法已经较为成熟,能够为农村社会学中关于农业转型的分析提供新思路,也可以为社会学学科的突破提供参考。

其四,既有研究缺乏从农业全产业链视角出发对农业经营从"嵌入-脱嵌"的结构变迁进行分析。当前的研究多集中分析农业的生产过程,围绕土地流转、雇用劳工、技术利用等方面展开。然而,正如学者所阐释的,农业转型已涉及农资供应、生产环节和销售环节,仅分析生产过程必然会忽略某些具体产业中农业转型的隐蔽性元素。因此,研究者需要将全产业链置于县域农业转型的研究框架中,以便更全面地理解这一复杂过程。

1.3 研究目标与内容

在现有理论研究的基础上,结合中国农业转型发展现状,本书研究的总目标是分析资本下乡背景下的农业转型过程,以及基于乡土社会结构的经营方式逐渐式微的原因。本书以四川省青竹县的柑橘产业为例,探究该产业所涉及的下乡资本如何进入柑橘生产环节,并延伸至产业上游和下游的过程。具体研究内容包括:

（1）揭示柑橘产业发展的历史嬗变。从以下三点切入，一是青竹县种植结构调整的过程及其原因；二是下乡资本规模化种植柑橘的主要表现形式；三是下乡资本进入柑橘产业背后的政府行动。

（2）阐述资本嵌入柑橘产业引发的生产组织转型的结构变迁：一是分析基于乡土社会结构的家庭经营模式的特征和样态；二是分析资本如何利用地方政府的政策支持获得生产优势，从而扩大生产规模；三是分析资本主导的雇佣经营在乡土社会中面临的困境，以及如何通过劳动管理来解决这些难题。

（3）论述资本延展至上游的结构变迁：一是论述农资市场的变迁与农资经销商的兴起；二是阐述农资经销商与小农户的互动，即柑橘所需的农药和化肥通过何种途径销售给农户；三是分析资本延展至上游形成大户合作形式，以及对小农户造成挤压的行为方式。

（4）论述资本延展至下游的结构变迁：一是论述柑橘产业的销售模式转型过程及其表现；二是揭示柑橘经纪人与小农户对接的内在机制；三是厘清新销售模式拓展以及小农户的处境。

（5）总结柑橘产业转型对农村社会的影响。

1.4 概念界定

1）资本下乡

资本下乡是城市工商资本下乡从事农业规模化和产业化生产的行动，满足在农业商品化的情境下实现农产品的交换价值（陆自荣，2020）。资本下乡带来的农业转型表现为流转土地和雇用劳工来实现产品增值（陈义媛，2015）。除了生产环节，当下资本下乡已经开始向农资和销售等上下游环节延展。

2）县域农业转型

农业转型的过程包括农业生产方式转变、农民群体成长等（李典军，2020），也包括农业、农村、农民和农地的制度安排和结构关系如何转型及其未来命运（叶敬忠、吴存玉，2019）。资本下乡成为县域农业转型的重要表征之一,资本经营户在村经营需要一定的社会资本和制度环境作支撑(毕思斌、张劲松,2020)。这首先源于地方政府的治理行为和制度安排,农业治理不能仅关注顶层政令的传播和执行,地方政府在治理手段上拥有相当的自主性,尤其是改革开放以来,各级地方政府为规范自身的管辖范围,出台了大量农业类政策性文件,尤其是县域层面的文件,对地方农业治理产生了较大影响(李林倬,2013)。县政府在落实农业发展中充分展现出制度能力、技术能力和行政能力,并负责分配和落实国家项目资金。因此,了解县政府的行动逻辑和制度安排是把握农业转型的关键。此外,在面临分包任务和绩效考核压力时,县政府往往选择新型农业经营主体作为县域农业发展的典范,如龙头企业、种植大户、规模化农场和果园等,并通过项目制为其提供农业发展资金,进而推动县域农业转型。

3) 结构变迁

提及社会结构,学者们将其概念化存在两个隐喻。一是"社会有机体",代表人物是舍夫勒(Schaffle),他将社会结构类比人体器官,即社会结构由不同组织和功能构成。二是"社会精神",代表人物是黑格尔(Hegel),他将一切规范和习惯视为人的主观意识在家庭、社会和国家制度中的表现,社会结构是主观意识的集合(洛佩兹、斯科特,2007)。本书中所指的"结构变迁"是指柑橘产业场域从嵌入村庄社会的农户经营方式向"脱嵌"于乡村社会的资本化经营方式转向的变迁过程。

1.5　研究方法与田野素描

1.5.1　研究方法

1) 以人文主义方法论为指导

本书以人文主义方法论为指导思想。人文主义强调研究个体世界或者个案,强调个别性和主观性的表现。它以人的行为和语言为研究对象,关注相互交流和相互影响的人,而非事物。其理论解释的目的不在于回答"为什么",而是探讨行为背后的内在依据,包括个人的、社会的和文化的问题。人文主义方法论与本书的研究选题高度契合，能够更好地解释资本下乡后农业转型的过程及其后果。

2）以实地研究为基本方式

实地研究是人文主义方法论下最为基本的研究方法，广泛运用于人类学、社会学、民俗学和心理学等学科。研究者在自然环境中，通过实地考察、深度访谈、文献分析和参与式观察等方式获取第一手资料，并采用归纳法对社会现象进行分析和长期研究，旨在理解当事人的行为意义和观点看法（陈向明，1996）。本书选择四川省青竹县及其所辖镇村作为实地调研点，以更深入地探究柑橘产业转型过程中的社会结构变迁。

3）以相应的科学方法收集与分析资料

本书采用深度访谈法和问卷调研法作为收集资料的主要方法。一方面通过对青竹县柑橘产业相关人员的深度访谈，收集关于产业发展的信息，访谈对象包括县镇政府工作人员、村支书、柑橘种植户、农业企业主、市场经纪人、农资经销商等。另一方面对柑橘种植户开展问卷调查，内容涉及柑农的基本情况、农资采购、生产过程、技术采用、销售秩序等，旨在对青竹县柑橘产业和柑农情况进行描述性统计。

本书采用个案分析法和比较分析法作为分析资料的方法，通过选取青竹县的柑橘产业作为个案，以小社区寓寓大社会的视角，心揣代表性和普遍性的问题通过个案研究去了解中国社会。正如费孝通所述，通过个案可以很好地对现象进行一般性的概括和深度的体验分析，从经验现实中去解答所要研究的问题。个案研究不是一次性、孤立性的研究，它的生命力流淌在学术传承的脉络中（王富伟，2012）。本书对收集来的个案进行分析，并对影响农业转型的"嵌入"与"脱嵌"乡土社会的两种经营形态进行比较，最终透过现象分析问题背后的社会逻辑。

1.5.2 田野素描

青竹县位于四川省成都平原西南边缘，具有优越的地理位置。北接眉山，南靠乐山，西与夹江接壤，东与井研连界，是岷江主航道流经之地，也是眉山的南大门和卫星城。青竹地处成渝经济区的成绵乐发展带，属于成都一小时经济圈范围。随着天府新区的建设,以及成绵乐城际铁路等重大交通项目的建成,青竹将逐渐进入成都半小时经济圈,真正成为成都的近郊区。同时,青竹地处成乐黄金旅游线上,具备良好的区位优势。全县总面积 387 平方公里,耕地 22.86 万亩,总人口 19.37 万,其中农业人口 14.56 万,外出务工劳动力 4.94 万人(县现代农业园区建设总体规划,2019:9)。

青竹县位于川西平原与川西丘陵接壤的过渡带,其地貌以县城为中心,呈盆地状,有明显的坝丘之分。东部以龙泉山脉为主体,山岭连绵起伏,被称为"东山";西部以眉山向斜南东翼延伸部分为主体,丘陵逶迤相续,被称为"西山"。"两山"隔江环峙,形成盆周。中部为岷江冲积平坝,地势平坦开阔。青竹县属亚热带湿润气候,雨量充沛,四季分明。冬迟春早,无霜期长。多年平均气温 17.1℃,日照时数为 1181.7 小时。全年平均降雨量 1132 毫米,常年振幅在 805~1 678 毫米之间。降水量的时空分布不均匀,夏季占年降水量的 58%,7~8 月为降水集中期。青竹县内江河纵横、溪流交错,水资源丰富,素有"一江五河三十二溪流"的美誉。全县共有确权耕地 19.35 万亩,人均耕地约 1 亩。在实际耕种的耕地中,可灌溉面积达到 12.19 万亩,占总耕地面积的 63%。全县耕地分为 4 个土类(潮土、黄壤、紫色土、水稻土)和 46 个土种,中性土质居多,兼有碱性和酸性,适合多种作物的生长。优越的气候、水文和土壤条件为柑橘的生长提供了良好的环境,进一步促进了青竹县的农业发展,尤其是在柑橘产业方面。

2018 年,青竹县实现 GDP 79.1 亿元,同比增长 7.9%(见图 1-3)。具体经济结构和各产业的贡献如下。第一产业增加值为 9.9 亿元,增长 3.9%;第二产业增加值为 33.96 亿元,增长 8.0%,其中全部工业增加值为 31.72 亿元,增长 9.0%;第三产业增加值为 35.26 亿元,增长 9.0%。三次产业结构同比调整为 12.5∶42.9∶44.6,其中二产下降 1.3%,三产则提高 1.3%。三次产业贡献率分别为 6.2%、49.4% 和 44.4%,分别拉动经济增长 0.5%、3.9% 和 3.5%。

青竹椪柑大规模商品化栽培始于 20 世纪 80 年代,经过 40 多年的持续发展,现已成为青竹县三大特色产业之一,成为农民增收致富的支柱产业。

图 1-3　青竹县 2010—2018 年 GDP 总量及增速情况

近年来,全县上下坚持"安全为先,品质为王"发展理念,坚定"双品双晚"发展战略,以产业园区为载体,以高标准果园为抓手,推动产业由增量导向转向提质导向,促进了基地"从小到大"、结构"从中到晚"、品质"从高产到高质"、管理"从杂乱到规范"、市场"从线下到线上"、效益"从千元到万元"的转型升级。笔者在调研中发现,许多农户都因种植柑橘,家庭人均收入明显提升。全县也因此号召农户积极种植柑橘,政府在推动柑橘种植的发展中行政措施逐渐走向常态化。随着柑橘种植面积的扩大,政府发现单靠农户的力量难以形成规模化的种植,尤其是西山片区种植柑橘的传统基础相对薄弱,农户技术也相对落后。为实现全县柑橘种植的可持续发展,政府着力引进工商资本,以推动柑橘种植的规模化和产业化,并将柑橘产业的链条从产中延展至产前和产后,具体措施包括:第一,通过扶持政策吸引工商资本参与规模化柑橘种植,其中不少下乡资本是地方政府借助个体社会网络进行招商引资而来;第二,政府支持柑橘种植所需的农资和技术标准化,鼓励以资本引导的合作组织发展;第三,兴建冷冻库,引进龙头加工企业,以解决柑橘的销售问题。在中国,经济作物种植向规模化和产业化转型的现象在山东寿光、湖南衡阳、广西百色、江西赣南等地区也有所体现,但对于产业转型中的全产业链较少探讨,青竹县柑橘产业在农资采购、生产种植、产品销售等全产业链上的转型具有一定的典型性。

目前,全县柑橘种植面积超过 10 万亩,年产量超过 10 万吨,年产值达到 15 亿元,已成为四川省最大的无公害椪柑生产基地和晚熟柑橘生产基地之一。2018 年,如表 1-1 所示,全县柑橘种植面积 11.6 万亩,年产量 14.2 万吨,年产值 14.5 亿元。现在,全县已建成椪柑特色产业环线 45 公里、万亩现代农业基地 5 个,椪柑产业园区成功创建为省级现代农业标准化示范园区,标准果园、精品果园和生态果园的数量逐年增加。

表 1-1　青竹县 2018 年柑橘种植规模及产量统计

序号	乡镇	种植面积(亩)	年产量(吨)
1	青竹镇	707	908
2	项城镇	1 617	2 157
3	白龙镇	17 430	12 082
4	黑槐镇	2 262	1 364
5	瑞凤镇	6 905	6 972
6	罗坝乡	7 136	9 435
7	橘果乡	43 311	71 288
8	南坝子镇	12 778	8 374
9	李台乡	14 258	22 393
10	荡口镇	9 984	7 501
	合计	116 386	142 473

资料来源:青竹县椪柑现代农业园区建设总体规划(2019—2023 年)。

笔者在 2018—2020 年先后三次前往青竹县开展田野调研,每次调研时间为 15—45 天,对青竹县的柑橘产业进行了跟踪式调查。根据调研安排,吃住均在农户家中。调研包含三个部分。一是对政府公务人员、村组长、农场主、柑农等相关主体进行了多次深入访谈(见表 1-2)。二是采用偶遇抽样的方式对柑橘种植主体进行问卷调查,共回收有效问卷 105 份,样本基本情况为:在性别方面,男性 54 人,女性 51 人;平均年龄为 55 岁;文化程度方面,不识字、小学、初中和高中及以上分别占总样本的 3.8%,30.0%,40.0% 和 26.2%;超过一半的经营者曾有外出务工经历,占 57.1%;被调研者中,普通村民数量最多(79.0%),其余为村干部(9.5%)、外来人员(3.8%)、转业干部(1.9%)、退伍军人(1.9%)、党员(10.4%)。三是从地方政府获取文献资料,包括政策文件、统计数据以及宣传部发行的地方报刊等。

表 1-2 访谈对象及具体概况

访谈对象类型	中观类别	具体概况
政府部门	县现代农业产业园区管委会	管委会书记,县总农艺师,椪柑园区项目管理主任
	县农业农村局	县农业农村局副局长,县经管站站长,县椪柑办主任,县植保站站长
	乡镇政府	1 名镇党委书记,2 名镇长,2 名副镇长,1 名镇农经站主任
	农资经销商	2 名
	农资经销合作社	社员 1 名(以统一农资为目标)
	村级柑橘种植合作社	社员 1 名(以统一农资、技术和销售为目标)
经营主体	外地工商资本代表	6 名(种植面积均为上百亩的果园)
	本地工商资本代表	6 名(种植规模在 30 亩以上,需要雇用工人)
	柑橘经纪人	柑橘"代办"4 名,雇工中介等
	柑橘销售和加工企业代表	1 名
除以上类别的村民	村干部	村支部书记 9 名,村妇女主任 1 名,村组长(兼职代办 1 名)
	种柑小农户	若干
	农业雇工	若干

1.6 分析框架

"嵌入性"是研究经济组织及其行为的重要理论。在波兰尼看来,经济行动是制度化的社会过程,且始终嵌在社会结构中,从属于政治、宗教和社会关系(波兰尼,2007)。20 世纪 80 年代,社会学家格兰诺维特将嵌入理论和社会网络相结合,讨论市场交易成本如何被决定的问题。与波兰尼的实体嵌入观不同,格兰诺维特认为经济领域中的主体行动嵌在社会关系中,受到信任、关系、权力等非经济因素的影响(格兰诺维特,2007)。格兰诺维特对人际互动过程和社会网络的具象分析使嵌入性理论成为可操作的分析策略。后继者将该理论从社会嵌入扩展到政治嵌入、文化嵌入、功能嵌入和认知嵌入等方面。可见,嵌入性具有丰富的理论维度,能够涵盖政治、经济、社会和文化等多个学科领域,成为探索经验世界的重要分析工具。

将嵌入性理论引入农业社会学研究中,有学者提出农业组织嵌入多元制度关系能够为多方合作赋予正当性(孟庆国等,2021),例如,在"企业+农户"的组织形式中,龙头企业采取资源嵌入和制度嵌入实现对农业产业链条的全面把控,同时与地方政府在产业发展中的相互嵌合巩固了农业产业化的社会基础(吴存玉,2023)。又如,农民专业合作社嵌入特定的社会场域,其发展过程受到行政嵌入和结构嵌入的影响(赵晓峰、孔荣,2014)。事实证明,组织嵌入性程度越高,合作社的经营绩效水平也越高(张琛、孔祥智,2019)。

除了从组织和制度角度对农业产业发展的嵌入机制进行研究之外,近年来,国内社会学者赋予嵌入理论以历史维度和文化维度,从农民观念体系和农民心态层面展开细致分析,扩展了传统嵌入性理论的意义和解释力。付伟指出,茶产业得以良性发展的关键在于家庭经营和市场网络结合成一种非正式组织形态,该组织嵌入了乡土社会中"茶农圈"的社会关系网络和特定的农民交往心态(付伟,2020),从而引发了学界对农业转型中"社会基础"的讨论。周飞舟等人更是以"行动伦理"来表明,农业产业发展既需要生产要素合理配置,也需重视乡村社会中的特定关系伦理和行动原则,人与人之间默契的、"不言而喻"的习俗、规范和伦理构成了影响地方农业产业发展的"社会底蕴"(周飞舟、何奇峰,2021)。因此,嵌入性为分析农业转型机制提供了有力的理论支撑。这意味着,农业产业发展过程,除了受到经济因素和组织结构的影响之外,制度、关系和生熟有度的伦理规范等因素同样不容忽视。然而,这些因素如何在具体的农业转型和农业产业发展案例中得到呈现并发挥作用,仍需进一步研究加以揭示。因此,本书将以青竹县柑橘产业转型为研究对象,分析其嵌入性发展的机制。

综上,本书的分析框架如图 1-4 所示:资本推动农业向规模化和产业化转型。在产业转型过程中，小农户在柑橘种植中的农资供应、生产环节和销售环节都与乡土社会结构相契合。然而，随着资本覆盖产业链的各个环节，资本经营方式逐渐替代了小农户传统经营方式，塑造了柑橘产业场域整体的结构性变迁。当资本进入生产环节时，原来的家庭经营向雇工经营转向；当资本向上游延伸时，农资经销商从向小农户供应农资的方式转向与资本经营户的联合；而资本向下游延伸后，销售秩序由经纪人的对接方式转向销售拓展下的"去经纪人"，进而实现资本经营的规模化。

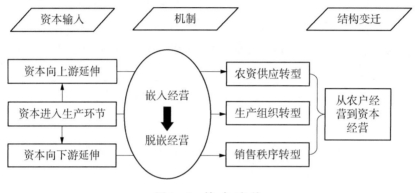

图1-4 技术路线

第 2 章
青竹县柑橘产业发展的历史嬗变

柑橘作为水果生产的大宗产品,在全球农产品贸易中占据着重要位置。根据联合国粮农组织统计数据库,从 1961 年到 2018 年,全球柑橘种植面积从 12 万 6000 公顷扩大到 16 万 8000 多公顷,产量从 1598 万吨上涨到 7541 万余吨[①]。柑橘在中国已有上千年的种植历史,其文化价值、经济价值和社会价值均在柑橘产业的发展中得以充分体现。目前,柑橘已成为国内水果市场重点观测和发展的品种。改革开放初期,小农生产是柑橘种植的主流方式。在青竹县,目前相当数量的农村老人和妇女在从事小规模的柑橘种植。然而,随着地方政府的农业规划调整,新型农业经营主体逐渐涉足农业领域,加之农村家庭结构的变化,青竹县的柑橘种植正逐步从传统农业向县域主导产业演进。本章将以青竹县柑橘发展的历史为主线,纵向呈现家庭联产承包责任制实施以来,柑橘产业如何从以小农户经营为主转向资本引导下的规模化和产业化经营方式。

2.1 1953—1999 年:柑橘种植的小农模式

2.1.1 以粮为纲:统购统销下柑橘的自给自足

1953 年,中国多地遭遇霜灾,为了满足口粮需求,群众纷纷抢购粮食,私营粮商和商贩利用自由市场囤积粮食,从而乘机哄抬粮价,导致粮价剧烈波

---

① 资料来源:联合国粮农组织统计数据库(FAO STAT),http://www.fao.org/faostat/zh/#data/QC.

动。进入夏秋季节，农民因灾产生了惜售情绪，导致国家夏粮征购量大幅减少，商人无粮可售，粮食商品率进一步下降，粮食危机随之出现。针对粮食购少销多的局势，中央政府采取了"统购统销"政策来解决粮食问题（田锡全，2006：14-24）。所谓"统购统销"，即"计划收购"和"计划供应"，后来其范围从粮食扩大至棉花、油料、花生等作物（田锡全，2006：1-8）。改革开放后，伴随家庭联产承包责任制的推行，农民获得了承包土地的自主权，在完成国家征收任务和集体自留的基础上，可以自由支配剩余的农副产品。这一制度显著提高了农民的生产积极性，农业生产率也大幅提升，农民"吃饱饭"已经不成问题。

> 吕严，80 岁，黄葛村老村支书。他介绍说，该村在 1981 年下半年正式推行家庭联产承包责任制，但实际上，5 队和 6 队早在 1980 年就已经把地分完了。分田到户之前村民吃不饱饭，许多老百姓不得不借粮食吃。当时老百姓都说："二月光光人心发慌，三月清明没有饱人。"这句民谚形象地反映了每年二月和三月家家户户没有粮食吃的窘境。分田到户后，农民的生产积极性明显提高，当时，一亩地可产 100～200 斤粮食，颗粒饱满的粮食卖给供销社作为军粮，一斤粮食卖 1 角 5 分钱，虽然那时仍需缴纳农业税，但余下的粮食足以让百姓吃饱饭。后来村里有人开始种红橘，价格高达 1 元/斤，当时黄谷（水稻）才 0.14 元/斤。但因为国家下达的公粮任务，所以大多数人还是以种粮食为主，零星种植红橘，这些柑橘主要是供家庭自用，吃不完的用来与他人交换物品，当时没有老板承包土地种柑橘的情况。（20190328-LY）①

青竹县主要的柑橘品种是在 20 世纪 70 年代引进的，最初由农民零星种植。根据吕老支书的描述，在统购统销制度下柑橘主要是自产自销，当时人们的首要任务是填饱肚子，因此水稻是农民的主要种植作物，而柑橘的商品化程度较低。在这一阶段，小农经济以生存为导向，不同生命周期阶段的家

---

① 访谈内容按照"访谈时间（年月日）—访谈对象姓名首字母大写"的方式编号，下同。

庭形成了不同的劳动组织,这些组织的劳动力、生理需求和劳动-消费比率与从事家庭农场经营的协作互有差异,进而影响家庭农场的经济活动总量(恰亚诺夫,1996:23-58)。农户是否种植柑橘取决于家庭需求,即家庭对柑橘的消费需求越大,柑橘种植的劳动力投入就越高。

2.1.2　柑橘种植的第一次高潮:商品化家庭种柑的兴起

青竹县商品化种柑的初兴缘由,一方面在于包产到户的生产责任制逐渐得到国家的支持,农业生产效率显著提升。另一方面,在于农村集市贸易的恢复促进了农村商品经济的兴盛,农产品的流通方式和经营模式逐渐多元(田锡全等,2014)。这些因素为统购统销制度的解体和柑橘商品化的发展提供了契机。随着形势的变化,农户也从传统的生存小农向理性小农转变,专业化种柑的家庭农业开始兴起。

白庙乡是青竹县最先种植柑橘的乡镇。20 世纪 70 年代,白庙乡以种植水稻为主,仅有部分农户在自留地上种植柑橘。1982 年,被当地百姓称为青竹柑橘创始人的李宝田率先将柑橘引入白庙乡种植。李宝田毕业于四川农业大学果树专业。据白庙乡农经站周站长介绍,1985 年李宝田任农工委主任,后来升任青竹县副县长。当时,李宝田发现柑橘的经济效益较高,便在竹庙村培育推广。竹庙村的特点是人少山多,浅丘地形非常适合种植水果,土壤以中性黄泥巴土为主,产出的柑橘品质优良。随着水果的普及,每年来村里收购柑橘的商贩也越来越多。因此,不少农户在保证基本口粮的情况下,开始尝试在山上种植柑橘。

郭磊在 1982 年高中毕业后便回到家乡开始种植柑橘,当时,竹庙村有一户农民种了 2 亩多红橘。郭磊在与这位农民交流中得知 2 亩多果树产了 300 斤红橘,当时红橘的市场价格为 8 角/斤,仅靠卖红橘就可以赚 240 多元。但当时水稻的价格仅为 2 角/斤,很明显种植柑橘更赚钱。于是郭磊深受启发决定开始种植果树。为了学技术,他在新华书店买了《中国柑橘》和《中国柑橘 500 问》两本书。当时,白庙乡还有几家种植大户,其中一位是农药经销商,郭磊经常去农资店向这些经验丰富的人请教学习,逐渐掌握了种植技术。3年后,郭磊开始正式投产,邻居看到他赚钱后纷纷来请教种植红橘的方法,郭磊当时就育了一批柑橘苗,自己栽种后,剩下的苗子就送给了邻居们。郭磊先是在土质不好的地块上进行试验,然后慢慢地在田埂上种植,最后把自家旱地也种上了红橘。当时,种红橘一年能赚6 000~7 000元,村民推选他当村民委员会主任,之后他连续当了15年的村民委员会主任。(20200617-GL)

1984年,在县政府的推动下,椪柑产业迎来了第一次发展的热潮。当时,由于许多老百姓缺少投资资金,乡财政利用省里的项目资金为果农提供无息贷款,1985年,乡财政共提供了20万元资金,并与果农签订了承诺书,由果农保证投产后返还资金。1985—1987年,青竹县政府邀请了四川省农牧厅和四川农业大学的专家前往白庙乡指导柑橘种植技术,提升农民种植柑橘的品质。进入20世纪90年代后,青竹县逐渐将红橘改种为椪柑。种植面积从几千亩逐步扩大到近4万亩,品种以中熟硬芦椪柑为主,年产值近2亿元。这一时期,全国的柑橘种植面积尚不大,市场供不应求,正是椪柑发展的黄金时期。罗湾村的王叔回忆道:"1993年的时候,山上都是杂树,那年我开垦荒山种柑橘,当时开山的人工费3元/天,看别人种,我也跟着种,即使柑橘价格不高,也会比卖粮收益大。"

我很小的时候每家都种1~2棵红橘,红橘是做陈皮的原料,但红橘味酸,产量也很低,还容易生病,后来红橘种多了价格跌到几角钱一斤都没人收。20世纪90年代椪柑引进到了本镇,竹庙村和汉阳村的村民逐渐把红橘树给锯掉,换成了椪柑树。青竹流传的一句话"品青竹椪柑,寻东坡初恋"特别有名。(20200704-LXK)

青竹县在1997年获得了"中国椪柑之乡"的称号,之后,柑橘产业进一步发展,技术上推行了高接换种、扩窝改土、合理密植以及预防炭疽病等措施。1997年3月26日,白庙乡柑橘协会宣布成立,首批会员共41名,其中包括白庙乡乡长和副乡长,副乡长苏青友任协会会长,并承诺带领会员做好产前、产中和产后服务,推动柑橘产业向规模化、优质化、集约化和科学化发展。1997
年,东山片区的椪柑和橙子喜获丰收,仅椪柑产量就达 300 多万公斤,同年,青
竹县"优质椪柑品种优选育和高产配套技术研究"荣获市科技进步奖二等奖。

为了将成熟的柑橘销往市场,种植大户会积极外出推销产品,同时本地
也涌现了一批农产品经纪人(柑橘代办),负责对接果农和收购商,促进柑橘
的销售。

> 竹柏村有 400 多人,农户主要种植水稻和玉米,率先种植柑橘的是
> 村党支部书记祝康青。他当时承包了果园种红橘,那时红橘有市场,收
> 完后就用火车拉到外省去卖,但是价格很便宜。后来,祝书记把红橘改
> 良成椪柑,椪柑口感很好但是没有市场,青竹县消费水平低,几万斤椪
> 柑在当地销售不出去。于是,祝书记考虑把人组织起来,把柑橘拉到成
> 都去卖,结果一个月就卖完了。第一年,祝书记给购买柑橘的客户留下
> 了联系方式,第二年就有很多客商主动来青竹县收购,就这样青竹椪柑
> 在成都就出名了。(20200630 - WZH)

同样,罗湾村 7 组的程队长在 1995 年做生猪生意时就开始做柑橘代办。
据他回忆,当时椪柑才 3~4 角/斤,收购商常常进村收水果,程队长就为果农
和收购商牵线搭桥,那时成都、西安、雅安、都江堰和甘孜州来收果的老板特别
多。老板找他,他就负责组织人员收果子,然后给老板打电话安排装椪柑。

2.2　2000—2012 年:制度下沉与作物结构调整

1999 年,青竹县的椪柑喜获丰收,但价格却大幅下跌。尤其在 2000 年
春节后,价格跌至 2~3 角/斤,一定程度上降低了果农种柑的积极性。不过
价格的下跌并未对散户的生活造成显著影响,种柑大户仍对椪柑的发展前
景抱有希望。根据《青竹报》的记载,当年高台乡的种植大户冯玉祥认为:
"今年的椪柑价格还是合理的,年后价格下降与椪柑属性和客户心理有关。
椪柑的销售旺季通常在节前两个月,年后其口感和外形品质均会有所下降,

跌价在所难免。我们只能在品种上进行微调，而无法在结构上大调，任何弃树不管的做法都不可取。"冯玉祥的言论促使一些果农继续维持种植，之后退耕还林制度的实施，迅速引发了柑橘种植的第二次高潮。

2.2.1 柑橘种植的第二次高潮：退耕还林的制度推动

为保护和改善生态环境，国家提出了退耕还林计划，旨在将易造成水土流失的坡耕地还林种树。1999年，四川等三个省份率先开展退耕还林试点，这一制度直接引发了青竹县柑橘种植的第二次高潮。根据《青竹报》2000年5月的报道，根据省委、省政府的要求，青竹县要在2000年底完成25 000亩退耕还林试点工程任务。任务要求：凡是25度以上的坡耕地一律无条件退耕还林，各乡镇根据具体情况，宜林则林，宜果则果；果树地里不能再耕种粮食作物，禁止退耕后重新种植粮食作物或者改为非林用地。

从表2-1可以看出，在退耕还林试点实施后，2000年椪柑种植面积高达6 448.96亩，超过了其他树种的总面积。2003年后，借退耕还林的东风，并受到退耕还林补助的激励，大量的荒山和山地被农民开垦出来，原先种植在坡地上的玉米也被改种柑橘，椪柑种植面积迅速扩大至7万多亩，产值突破3亿多元。太田椪柑、岩溪晚芦椪柑、台湾椪柑等优质品种开始大量引进和推广。在此阶段，受退耕还林制度和新品种推广的影响，不少农户调整了作物结构，减少了坡地粮食种植，扩大了果树种植规模，并使柑橘种植走向商品化，但囿于土地分散，小农生产依然是果农的主要经营方式，但也有像冯玉祥这样的能人，引进新品种，将自家果园作为四川农业大学园艺系的实验基地。后期，在政府支持下，冯玉祥不仅创立了自己的椪柑品牌，还签下协议承包了400亩荒山，成为全市最大的"果园庄主"。冯玉祥的事迹反映了青竹县柑橘在第二次种植高潮中迈向柑橘产业化的特点。这当中，少数农户开始利用自有资本，通过流转土地扩大种植面积，并采用先进技术和雇用工人生产出高附加值的商品化柑橘，以获得更高的经济回报。在这一过程中，政府倡导的农业产业化和规模化发展也为柑橘产业的资本深化提供了项目资源。理性的农民具有企业家精神，在权衡成本、收益和风险时，他们会对资源进行优化配置（舒尔茨，2006）。冯玉祥不仅精打细算地发挥了资本的作用,同时还巧妙地利用社会资本和政府政策,进一步拓展了椪柑产业的发展空间。

表 2-1 2000 年退耕还林试点乡镇验收统计(单位:亩)

乡镇名称	任务面积	验收合格面积						任务完成率
		合计	林木种类					
			美国松	巨桉	椪柑	竹子	其他	
合计	25 000	11 305.92	761.46	368.36	6 448.96	587.61	3 139.53	45.2%
白庙乡	2 002.9	1 405.61	8.5	40.1	1 194.7	43.91	118.4	70.2%
桂花乡	2 525.9	1 655.79	8.4	14	1 085.3	14.12	533.97	65.6%
观山乡	1 003.1	640.2	0	0	200.64	58.86	380.7	63.8%
罗坝乡	2 003.8	1 188.35	20.5	7.5	139.47	20.05	1 000.83	59.3%
西龙乡	1 799.7	1 014	2	70	737	53	152	56.3%
天苗乡	1 000	523.4	6.05	9.6	361.75	24.25	121.6	52.3%
河坝乡	1 987.8	918.75	0	71.55	801.75	3.7	41.75	46.4%
罗湾乡	2 999.6	1 370.86	293.1	14.1	970.13	18.8	74.73	45.7%
汉阳镇	779.3	327.29	34.98	0	37.51	14.75	240.05	41.9%
黑河镇	300	120	0	0	120	0	0	40.0%
高台乡	1 000	373.34	0	0	285.54	0	87.8	37.3%
天池乡	2 000.5	733.41	270.2	120.29	224.31	43.03	75.58	36.7%
葛家乡	2 499.5	653.13	117.73	21.22	156.61	68.45	289.12	26.1%
南城乡	422	114.4	0	0	0	114.4	0	27.1%
瑞风镇	2 582.7	260.64	0	0	134.25	103.39	23	10.1%
青杠乡	99.2	6.9	0	0	0	6.9	0	6.96%

资料来源:《青竹报》2020 年 5 月 2 日第六版。

2.2.2 退柑橘、种巨桉

随后几年,由于椪柑上市过于集中,市场供过于求,导致价格波动大,效益不稳定,果农对椪柑种植的积极性有所降低,不少果农选择退柑橘、种巨桉。果农作此决策主要在于以下几个原因。

一是半工半耕生计模式的出现。20世纪90年代以来，随着沿海地区出口导向型加工业的迅速发展，以及城镇化进程的加快，城市工业为农民提供了大量就业机会，催生了农民工群体。这类群体家庭收入一半来自农业，另一半来自外出务工，这种半工半耕的收入结构逐渐由沿海农村扩展到内地农村（夏柱智、贺雪峰，2017）。半工半耕的收入结构通常以代际分工或性别分工为基础，家庭中的年轻人成为外出打工的主体，而农业生产则由留守老人承担。半工半耕生计模式让农民离开土地后依然能够维持家庭的基本生活需求，因此，小农户对固定作物收入的依赖性减弱，具备了放弃柑橘种植的退却空间和选择机会。

二是作物的生物学特性与家庭分工。柑橘种植属于劳动密集型和技术密集型产业，育苗、修枝、套袋、疏果、施肥等环节都需要人力成本的付出，同时对土质和技术要求也高。相比之下，巨桉作为一种油材两用木，具有生长速度快、对土质要求不高且效益较高的特点，是填补我国木材缺口的最佳树种之一。更重要的是，巨桉种植不需要劳动力全程照料，这就意味着巨桉种植可以解放家庭劳动力。如此一来，留守老人能够简单地从事粮食作物种植，而年轻人可以常年外出务工，从而在家庭内部实现更为灵活的分工和资源配置。

三是政府为巨桉正名。退耕还林初期，巨桉并未得到大规模推广，主要原因在于巨桉有毒和巨桉是"抽水机"的谣言。民间关于巨桉说法各异，很多人认为巨桉有毒，会引发癌症等疾病（罗永仕，2020）。此外，部分反对者还将其视为造成水土流失的"抽水机"，认为其会破坏水稻和渔业的发展环境。在柑橘价格波动的情况下，巨桉良好的经济效益刺激了其种植的迅速扩展。政府为了平衡产业风险，也大力鼓励农民种植巨桉。一方面，政府支持巨桉基地的建设，为巨桉产业发展提供政策支持；另一方面，政府借助媒体为巨桉"有毒"和"抽水机"的谣言辟谣，宣传巨桉是绿化荒山和生态保护的先锋树种，不可小觑其经济价值和环境价值。这种宣传扭转了巨桉被"妖魔化"的社会话语。此后几年，大规模的巨桉种植给青竹县政府带来了可观的财政收入，从而进一步推动了巨桉种植的普及。

2.3　2013—2020 年：政府行动与柑橘种植的资本进场

2013 年，中央一号文件明确提出"鼓励和支持承包土地向专业大户、家庭农场、农民合作社流转，发展多种形式的适度规模经营"，并且强调"按照规模化、专业化、标准化发展要求，引导农户采用先进适用技术和现代生产要素"。这一政策导向表明，国家在现代农业发展的制度设计上，更倾向于支持规模性经营主体作为农业现代化发展的担纲者，这也预示着资本下乡热潮的到来。为顺应国家发展趋势和推动本地特色产业发展，青竹县决定将柑橘产业作为县支柱产业进行重点发展。

2.3.1　柑橘种植的第三次高潮：政府锚定柑橘产业的选择逻辑

2011 年，青竹县的柑橘产业进入了低潮期，柑橘价格大幅下跌，收购价仅为 5 角/斤，许多农户因此选择砍掉部分椪柑，种上了巨桉。在柑橘市场如此不景气的态势下，青竹县政府为何仍然选择将柑橘作为县域主导产业呢？这一决策显然不能单纯从市场机制的角度来解释，需要纳入社会学理论进行论证。

1）逻辑起点：项目发包与建设成效

在制度安排方面，政府在实际运作过程中采用的是"行政逐级发包"，这种逐级代理的方式能够有效分散决策风险（曹正汉，2011），可以将资源调动权下放到做具体工作的基层。青竹县隶属县级行政部门，需要落实四川省及所在市的各项农业项目发包，同时也必须关注国家农业制度取向，以确保项目执行能够契合国家关于乡村振兴的具体要求。2012 年和 2013 年的中央一号文件先后提出继续加大对主产区和种养大户的农业补贴强度，并鼓励经营主体通过土地流转从事规模化、标准化和专业化农业产业经营。各级农业部门为响应政策，纷纷制订本区域的农业发展政策，在此背景下，青竹县依据上级部署，开始甄选具有经济和社会效益的典型农业产业。地方政府为了促进当地的经济社会发展，会主动承接上级发包的项目，让项目落地并取得建设成效，以期未来获得更多更大的项目扶持（周飞舟，2009）。由于在短时间内实现全县多样化作物结构的全面发展非常困难，而选择某一特色产业或典型产业园区作为"一隅"来映射"全貌"，更有助于实现工作效能最大化，也符合中央提出的农业专业化发展的基本要求。为此，青竹县政府经过多方考虑，最终决定将柑橘产业作为本县主导的农业产业进行重点发展，希冀于通过打造特色柑橘产业完成项目执行任务，使青竹县在全市农业发展中保持优势地位。

2）锚定柑橘产业的合理性机制

基于椪柑市场价格日益下跌，以及晚熟柑橘技术逐渐成熟，青竹县政府开始把目光投向了具有市场发展前景的晚熟柑橘。晚熟柑橘市场不仅得到了种植大户的青睐，也吸引了下乡资本的关注，加之上级政府对农业规模化和专业化的支持，青竹县政府最终决定将晚熟柑橘作为主导产业，其合法化背后的逻辑分析如下：

一是晚熟柑橘技术的扩散与运用。2012 年柑橘出现销售低潮以后，青竹县负责农口的领导前往全国各地进行产业考察。他们在考察中发现了晚熟柑橘品种，得知该品种的种植需要符合两个条件：一是冬季无严寒、无大风等自然灾害气候；二是春天气候回暖速度较慢，因气温回升过快易造成柑橘失水衰退。从区域对比上看，沿海部分地区气温虽然符合晚熟柑橘的生长要求，但台风等灾害性气候频发也会对柑橘生长造成破坏。而湖南、浙江、江西等地在冬季降雪较多，气温较低，导致晚熟柑橘难以越冬。因此，全国范围内符合晚熟柑橘种植条件的区域相对较小。四川省青竹县由于降雪较少，只需用塑料薄膜把柑橘树盖住，再加上为果子套袋，即可有效解决柑橘的越冬问题。此外，自 2008 年起，四川省农科院开始研究柑橘"留树保鲜"和"增糖降霜"技术，到 2013 年，该技术取得突破，获得了四川省科技进步奖三等奖，成功打破了晚熟柑橘发展的瓶颈，为晚熟柑橘的技术推广和发展创造了良好条件。据县农业农村局徐局长介绍：

　　我们当时前往云南、贵州、广西、福建、浙江、江西和湖南进行调研，发现种植晚熟柑橘可以成为青竹发展的优势。返回县城后，我们提出了"双品双晚"战略，其中"双品"就是注重品质和品相；而"双晚"则是将晚熟柑橘和中熟柑橘采取"留树保鲜"晚熟化技术。例如中熟椪柑通常在 12 月份成熟,但通过留树保鲜技术,采摘就可以推迟 2 个月,选择在过年前或过年后采摘。晚熟品种包括不知火、春见、马克斗和沃柑等,这些品种主要在 1 月份以后上市。随后,我们邀请华中农业大学、四川省农业科学院、四川农业大学等院校专家来县考察,大家一致认为眉山市是全国晚熟柑橘发展最适合的地区,因此,眉山也被列入了全国晚熟柑橘的优势区。据此我们决定选择柑橘产业作为县域主导产业。而且从市场范围看,晚熟柑橘仅占全国柑橘产量的 3%,其他柑橘品种通常在年前 3 个月内集中销售,如果遇到自然灾害或集中上市,价格波动会比较大。但是晚熟柑橘销售期可以延长 7~8 个月,巧妙避开了柑橘的集中上市时间,从而实现了价格的成倍增加。当时,中熟柑橘价格卖 1 元/斤就算不错了,但是晚熟柑橘的价格从 2013 年至今基本维持在 3 元/斤以上,常年保持在每斤 5~7 元。所以在发现这一技术优势后,自 2013 年起,全县开始出台支持柑橘全产业链发展的政策,一直到 2019 年,平均每年新增的柑橘种植面积在 5000 亩左右。(20200710 - XHT)

二是农业经营主体的结构变迁。2013 年中央一号文件明确提出通过奖补政策支持新型农业经营主体的发展。新型农业经营主体是指通过土地流转,从事农业规模化生产,并在生产过程中投入先进科技要素的农业经营组织,包括农民合作社、家庭农场和农业企业(孔祥智,2014)。值得注意的是,近年来家庭农场异化现象已成常态,家庭农场的工商注册门槛是土地规模的大小而非家庭劳动力和收入占比。此外,省级部门要求县级部门在规定期限内完成家庭农场固定数量的注册指标,而许多县域的家庭农场实际数量难以达到标准。因此,基层工作人员在压力型体制下,只能将 50 亩以上的经营主体均注册为家庭农场,这导致一个经营主体同时享有家庭农场、农民专业合作社和公司的三个注册资格和政策补贴。

农民专业合作社异化也已成为学界探讨的焦点,大农控制股权和社会资本实现了对合作社的主导,外围社员和边缘社员被排斥在政策扶持体系之外（崔宝玉、谢煜，2014）。同时，合作社亲资本的行为取向，使合作社与下乡资本形成了"共谋"关系。这种"合作社包装下乡资本"的现象构成了合作社制度异化的乡土逻辑（冯小，2018）。由此可见，部分家庭农场和合作社异化为企业式发展模式，小农农业被公司农业所替代，成为农业经营主体结构性变迁的典型特征。在2013年以前，青竹县已经出现了自发型土地流转，从事规模化和专业化经营，正因如此，这种趋势促使政府锚定具有社会基础的柑橘产业作为青竹县的农业主导产业去发展，以满足专业大户和下乡资本的期待。

三是柑橘文化的积淀与传承。文化作为一种稳定的关系和结构，对个人行为方式、社会价值和目标取向具有深刻影响（本尼迪克特，2009）。青竹县政府在锚定柑橘产业时也受到地方柑橘文化的影响。《史记》中提到"蜀汉江陵千树桔……此其人皆与千户侯等"，可见在汉朝四川地区的柑橘种植已有相当规模。青竹县历史上多属眉州（今眉山县）管辖，个别时期又隶属于嘉州（今乐山市）。青竹柑橘最早出现在《新唐书·地理志》中，其中记载了"剑南道眉州土贡桔"。而最详细的记载可以追溯至明嘉靖三十年编撰的《青竹县志》（现存于浙江宁波天一阁藏书楼），书中提道："青竹历来产桔，江之东山丘逶迤，产一桔，果大色黄，其味甜而化渣，其皮薄而籽少。有好事之人食后引入楚地，概失原味，皮粗而籽多，味淡而不脆，皆因水土不同耳。"这段记载不仅充分说明青竹县在历史上便有种植柑橘，且强调了青竹柑橘的品质独特出众，味道好于其他柑橘产区，主要原因是水土的差异。另一编撰于乾隆二十九年的《青竹县志》，在《卷五十一·物产志·果之属》中也有柑橘的明确记载，只是没有详细介绍。另外在唐代《江州志》、宋代《通义编》以及清代的《眉州属志》中也有青竹柑橘的记载。在清代的《眉州属志》中，首次详细描述了青竹柑橘的种植面积，记载如下："眉州产柑橘，其种不一，以青竹为最，种于东山，逶迤数十顷，种植甚多也。其色稍黄，形如卦，果大、汁甜、味香、果蒂微凹。"青竹柑主要的品种是在20世纪70年代引进种植的，在青竹地区表现出良好的适应性和优良的品质，经济效益显著，1997年，青竹因其优质的柑橘产业而获得了"中国椪柑之乡"的称号。

2.3.2　打造典型:资本下乡与政府行动

2013 年,青竹县政府颁布了 20 号文件《青竹县加快椪柑产业发展实施意见》,标志着青竹柑橘产业高速发展的开端。该文件的主要目的是进一步促进椪柑产业的转型升级,推动椪柑产业业态的发展。文件明确提出坚持"做优、做晚"和"鲜销为主、加工为辅"两大发展思路,并制订了具体的扶持政策和工作任务分解(见表 2-2),以确保实施效果。在 2017 年和 2018 年,青竹县政府继续推出"扶持跟着项目走"和建设全国特色产业示范县的两个政策文件,以进一步推动青竹县柑橘产业向专业化、规模化和区域化的方向发展。

表 2-2　青竹县椪柑产业发展重点工作任务分解

内容	目标	工作任务分解			负责单位
		2014 年	2015 年	2016 年	
新品种、新技术引进培育示范推广	引进培育示范新品种、推广新技术,使早、中、晚熟椪柑比例逐步达到 10∶35∶55	新引进培育示范新品种 2 个,推广新技术 1 项,优化早、中、晚熟椪柑比例	新引进培育示范新品种 2 个,推广新技术 1 项,优化早、中、晚熟椪柑比例	新引进培育示范新品种 1 个,推广新技术 1 项,使早、中、晚熟椪柑比例达到 10∶35∶55	县农业局、椪柑产业发展办
专业大户、家庭农场和专业合作社(协会)扶持培育	培育专业合作社、专业大户、家庭农场 500 个以上	新培育专业合作社、专业大户、家庭农场 150 个以上	新培育专业合作社、专业大户、家庭农场 150 个以上	新培育专业合作社、专业大户、家庭农场 200 个以上	农工办、县科协、椪柑产业发展办、相关乡镇
椪柑技术外包	建立专家团队,技术外包面积 3 万亩以上	专家团队人数达到 30 人以上,技术外包面积 1 万亩以上	专家团队人数达到 40 人以上,技术外包面积 2 万亩以上	专家团队人数达到 60 人以上,技术外包面积 3 万亩以上	椪柑产业发展办、椪柑发展公司
椪柑经营主体培育	新培育销售收入达 5 000 万元的椪柑营销企业 1 家以上	建立椪柑营销企业 1 家,当年销售收入达 1 000 万元	椪柑营销企业年销售收入达 2 500 万元	椪柑营销企业年销售收入达 5 000 万元	县商务局、椪柑产业发展办

（续表）

内容	目标	工作任务分解			负责单位
		2014 年	2015 年	2016 年	
气调库建设	新建 5 000 吨椪柑气调库 1 座		新建 5 000 吨椪柑气调库 1 座		县发改委、椪柑产业发展办
椪柑深加工	新建椪柑深加工企业 1 家以上			新建椪柑深加工企业 1 家以上	县投促委、椪柑产业发展办
椪柑新植（高换）	新植（高换） 5 万亩	新植（高换） 1.5 万亩	新植（高换） 1.5 万亩	新植（高换） 2 万亩	椪柑产业发展办、相关乡镇
发展都市近郊观光农业	打造特色农业景观和节点，实现农区向景区转变	举办一次椪柑节，椪柑园区新增农家乐 3 家以上	举办一次椪柑节，椪柑园区新增农家乐 4 家以上	举办一次椪柑节，椪柑园区新增农家乐 5 家以上	县旅游局
示范评比	开展评比活动	每年开展评比活动并兑现奖励	每年开展评比活动并兑现奖励	每年开展评比活动并兑现奖励	县农业局、县科技局、椪柑产业发展办

1) 专业化的单一种植

从表 2-2 中可以看出，青竹县政府围绕柑橘单一产业重点关注技术推广、主体培育和设施建设，成功实现了从多元化种植结构向单一化种植结构的转变，从而可以更有效地集中资源打造柑橘产业。在技术推广方面，政府鼓励引进柑橘新品种和推广新技术，并将种植技术外包给专家团队，外包面积达到 3 万亩以上；在主体培育方面，政府重点培育专业大户、家庭农场和农民专业合作社等规模化经营主体，设定到 2016 年达到培育 500 个以上经营主体的总目标，并对当年表现优秀的经营主体进行示范评比。在设施建设上，政府通过项目以奖代补推动气调库、柑橘深加工企业的建设和观光农业的发展。相关扶持政策的实施吸引了大量工商资本下乡，这些资本通过规模化的土地流转种植柑橘，不仅改变了原有的种植结构，还使得柑橘种植从山区逐步延伸到坝区①，甚至连传统的种植水稻的水田也被改造为柑橘苗种植区。

农户也将柑橘产业视为农业收入的主要来源。根据对 105 位农户的调查，30.48%的柑农将土地全部用于种植柑橘，而 24.76%和 39.05%的柑农则在种植柑橘的同时种植粮食和蔬菜。在访谈中发现，这些粮食和蔬菜的种植面积通常不足 1 亩，并且生产过程中不施用农药，完全供自家食用。然而，随着柑橘种植的普及，一些农户面临着被迫放弃粮食和蔬菜种植的困境，主要原因在于周围的土地几乎全部种植了柑橘，而柑橘种植需要频繁施用农药和化肥。这些化学物质往往会顺着雨水流进稻田和菜地，导致种植的粮食和蔬菜遭受"污染"。

2）规模化的政策扶持

社会工程师和农业规划专家所代表的现代主义者都将理性化、规模化和标准化视为农业发展的合理布局，这种将工业方法完全应用于农业领域的信念早已形成一股热潮，现代化的大型农场逐渐被设计出来（斯科特，2013），这种现代主义的共同信念在政府的政策与行动中也得到了体现。青竹县柑橘产业发展的扶持政策完全以规模作为奖补口径。在柑橘种植方面，成片新植椪柑 10 亩以上，每亩补助 500 元，分三年兑现；成片开发高质量果园 3 亩以上，每亩一次性补助 300 元。在土地流转方面，一次性新流转 10 亩以上的椪柑产业，给予一次性资金补助，具体补助标准为：10～50 亩每亩补助 50 元，50～100 亩每亩补助 70 元，100～200 亩每亩补助 100 元，200 亩以上每亩补助 150 元；在新品种培育扶持上，新培育椪柑新品种推广面积达到 500 亩以上的，每个奖励现金 50 万元。到 2017 年，资助口径有所缩小，对规模要求有所提高。在果园建设方面，新、旧柑橘园，连片面积 50 亩以上（含），安装了监控系统和水肥一体化系统等物联网设施的，按 300 元/亩给予一次性补助。老果园标准化改造，连片面积 50 亩以上（含），采取了深挖改土培肥，建立了质量可追溯体系，完善了水、电、路等基础设施的，按 500 元/亩给予一次性补助。新建标准果园，连片面积 50 亩以上（含），采取了深挖改土

① 青竹县将地块分为山、地和田，地和田统称为坝区，其中山主要种植树木，地主要用于种植玉米、蔬菜、大豆等作物，田指水田，用来种植水稻。

培肥，建立了质量可追溯体系，完善了水、电、路等基础设施的，按 1 500 元/亩给予一次性补助。到 2018 年，政府进一步鼓励工商资本进驻农村，推动规模化流转经营，力争到 2021 年在全县培育出 10 个柑橘产业社会化服务组织和 200 个规模化新型经营主体。

3）区域化的重点打造

青竹县按照"创建一个、带动一批"的县域现代农业园区建设思路，举全县之力推进椪柑现代农业园区建设。2019 年，该园区被认定为省级现代农业园区，县政府目前正积极努力争取将其提升为国家级现代农业园区。在规划中，青竹县围绕"眉山春橘·椪香万里"这一晚熟柑橘产业发展思路，以持续推进"椪柑产业环线"建设为重点，实施串点成线、连线扩面的策略，全力打造百公里产业环线和百平方公里椪柑产业园区。通过这一规划，青竹县初步形成了以椪柑产业园区为核心的"一园两片三基地"的产业发展格局，建成了万亩现代农业基地 5 个、标准果园 250 个，成为四川省最大的无公害椪柑生产基地和晚熟柑橘生产基地之一。在此基础上，园区内还积极投入了高标准果园改造项目、新建椪柑标准化产业基地项目、种养循环基地建设项目和出口基地示范项目。与此同时，青竹县大力推动一、二、三产业深度融合发展。在项目叠加的进程中，青竹县椪柑产业园区所覆盖的河坝镇和白庙乡成为资本投入的重点区域，渗透在柑橘产业的各个环节。问卷调查显示（见图 2-1），超过半数的柑农认为椪柑产业园区内的产品质量高于县域其他地区，可见，同一产业在县域不同区域形成了"内外有别"的区隔态势。

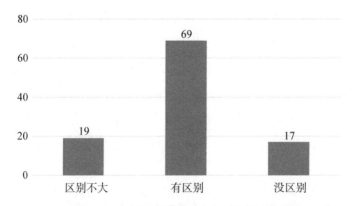

图 2-1 椪柑产业园区与其他区域产品的品质差异判断（单位：人）

2.3.3　柑橘产业转型:资本下乡后的产业规模化发展

地方政府在农业产业转型中发挥着关键作用,在追求土地规模化和农业治理便利化的过程中,政府通过再造水土、再造市场和再造服务,促使农业经营主体发生了转换,资本迅速崛起并替代了传统小户经营模式(孙新华,2015)。正是这一农业经营主体的转换,推动了柑橘产业的规模化发展,并引发了生产关系的深刻变革。

> 郭刚,44 岁,浙江温州人,在乐山经营一家电器厂。他以前吃过青竹县的耙耙柑,觉得味道不错,就想自己来种。2016 年 10 月,经过朋友介绍,郭刚在青竹县罗坝镇宝塔村承包了 360 亩土地,开始种植柑橘,并注册了"郭老橘家庭农场",当时约定租金 300 元/亩,租期 30 年。农场雇有 50 岁以上的固定工 10 人,负责打药、修枝、套袋等工作,工资 80 元/天,每年仅人工费就要十多万元,加上农药、肥料等成本,开支相当高。郭刚自己没有种植技术,平时主要在乐山经营电器厂,他爱人经常下乡管理果园,主要负责监督工人们干活。2018 年,郭刚家的果园生产了 10 万多斤柑橘,其中一部分被他的朋友购买,一部分被他送了朋友,还有一部分被拿到市场上销售。他表示到目前(2020 年 6 月),果园一共投入 200 多万元,其中人工费高达 40 万～50 万元,几乎每年都在亏损,但他仍然认为从长远看这笔投资是值得的。然而,随着柑橘市场趋向饱和,品质成为竞争的关键,如何更新技术是郭刚现在面临的最大困难。(20200609 - GKM)
>
> 张兴是返乡农民工,以前一直经营饲料厂,后来饲料行业不景气,他在 2016 年下乡流转了 60 多亩土地种柑橘,现在已经扩大到 500 多亩。如今张兴一边经营饲料厂,一边种植柑橘。当时也是考虑到市场风险,决定利用自有资金,并在不借外债的前提下投入成本。在他看来,流转土地建设果园,水电要通、房子要修好、道路要通、管道要修好,没有国家的扶持政策就没有人愿意干,因为基础设施建设就要投资十多万元。2019 年,他的柑橘迎来了第一年收获,卖了 10 多万元,

2020年由于大旱，产量要低一些，他更加深刻地感受到农业市场风险比较大，需要有国家和政府的资金支持。张兴提到，国家大力提倡有机肥，但使用有机肥的成本相当高，每棵树高达40元，投资很大，但现在国家一亩补贴5吨的肥料投入，其中包括1吨生物菌肥、1吨复合肥和3吨有机肥，缓解了部分成本压力。2019年，国家还提供了一项财政补贴资金，就是政府补贴10万元，经营户支付20万元，用于对山上的基础设施进行改造。张兴形容这个10万元补贴像"及时雨"一样，有效缓解了他的资金压力。此外，他流转的土地都是五社的，涉及十几户农民，流转费450元/亩，合同签了30年。他2019年还申请了一个超过500亩的土壤改良项目补贴，按照政策，每亩土地可获得1500元的补贴，但自己还要配套3500元，总计倒贴了20多万元。从2016年开始他已经投入了60万元的成本了，尽管国家补贴了10万元，自己今年也赚了20万元，倘若柑橘能维持正常价格水平，3元/斤，大概还要4年才能回本。柑橘肥料一年要2～3包，并且每年要打7次农药。果园的日常管理几乎都由他自己负责，此外，还雇用了5～6个工人，年龄在50～60岁。(20200704-ZYX)

郭刚和张兴所经营的农场均代表了下乡资本在柑橘产业中的投资趋势。他们共同呈现出柑橘产业转型的表征：一是农资市场较为活跃，农资经销商较多且趋于饱和，农业生产投入量逐渐增大，肥料和农药逐步取代农家肥，资本对柑橘生产资料的获取完全依附于农资市场；二是柑橘种植追求规模效应，这些富有的企业家租用农民土地，建立连片的大块区域进行耕作，并雇用当地劳动力为自己牟利，而经营者本身并不亲自从事种植工作，仅扮演监工的角色；三是经营者并不乐意投资固定资产，也不擅长生产技术，他们随时可能因为市场行情的骤降而舍弃产业。而此时政府为了当地的发展和扩大地方影响力，往往会通过行政手段帮助资本解决固定资产投资和技术问题。综上，资本经营主体的组织方式是将物质资源和政策资源组合到一个社会网络中(范德普勒格，2016)，对原有的乡村资源进行调动、组合和重构，最终引导柑橘产业迈向规模化发展道路。这影响了小农户的生存发展。

2.4　小结

透过青竹县柑橘产业的发展脉络,我们能够清晰地看到这一产业从传统农业向县域主导产业发展的历史转向,这种转向所呈现出的是农业生产力和生产关系的变革,一方面,作物单位面积产出逐渐符合市场需求,农业社会生产力稳步提升;另一方面,资本嵌入乡土社会,柑橘生产传统农业逐渐式微,以资本为主导的现代农业代表着集约化、规模化和技术化,渗透于农业生产的各个环节,且对土地、技术和劳动力等生产资料侵占,进而推动柑橘产业转型。那么,推动这一转型的动力究竟是什么?

从田野资料来看,柑橘产业场域中的行动者的确会遵循市场逻辑,以效率和价格去调整农业生产中的经营策略,但这种经营策略背后隐藏着复杂的社会关系。统购统销制度的解体和家庭联产承包责任制度的确立,使得柑橘种植商品化逐渐兴起,这为农业转型打下了制度基础。随后,退耕还林政策进一步改变了农民的作物种植结构,他们将山地上的粮食作物更替为柑橘树,从而扩大了柑橘种植面积,提升了集约化生产水平。受市场波动的影响,经历了"柑橘—巨桉—柑橘"轮换种植的波折后,政府最终锚定了柑橘产业作为青竹县的农业主导产业,这一抉择不仅是回应国家对农业现代化发展的政策指向,同时也考证了农业社会的现实境况,即以种柑大户、商品化家庭农场和农业企业为代表的资本经营主体逐步替代了传统的家庭经营模式。除了政府支持和经济政策外,技术进步和人口结构变迁同样是外在于行动者的结构因素,成为柑橘产业发展的动力来源。青竹县具有悠久的种柑传统,深厚的文化基底成为柑橘在多元作物的筛选中被传承下来的关键因素。除此以外,"家本位"思想和对自由生活的向往,也成为推动农业转型的文化动因。部分外出务工和经商的农民在积累了一定资金后,选择返乡务农,投入面向市场的柑橘种植。这一选择不仅是为了经济利益,更是为了照顾留守在乡村的父母和孩子。许多大学毕业后在外工作的年轻人基于家庭责任和追求自由生活的愿望,更倾向于返乡创业,谋求通过规模化的柑橘种植获取利润,同时享受务农的自由,摆脱工厂或公司带来的制度性控制,这种返乡创业的趋势在一定程度上促进了传统农业向现代农业的转型。

　　基于本章的分析可以发现,政府也是推动柑橘产业发展的重要力量。毋庸置疑,在柑橘产业转型的过程中,青竹县政府试图将柑橘产业作为县域主导农业产业,并采用单一化的种植结构、规模化的政策支持和区域化的重点打造三种路径,推动柑橘产业转型。但值得注意的是,政府在锚定柑橘产业的过程中,并非"拍脑袋"办事,县政府在遴选典型产业时,除了将经济发展和地方发展作为考量因素外,也将产业发展和本土社会的契合度,以及该产业迈向农业现代化发展的可能性列入考虑当中。此外,农业转型中的资本渗透也非仅停留在生产环节,越来越多的工商资本在生产环节获得成功后,开始逐渐渗透到柑橘产业的上下游。

第 3 章
资本进入生产环节：柑橘生产组织方式转型

　　调研期间，笔者住在刘村的一户农民家中。这户人家由一对 60 多岁的老夫妻组成，男户主徐冰每天都在忙碌地打理果树，但呈现出两种不同的组织形态：徐冰每天早起后先上山打理自己家的果树，回来吃完早餐后再去大果园里务工，晚上回家吃完晚餐后，他再回到自己的园子里施肥和疏果。据笔者观察，像徐冰这样既打理自己园子又给果园老板打工的老农在村里并不少见，很多 70 多岁的农民已经将自己的土地流转出去，全职在果园务工。从徐冰的工作形式可以看出，青竹县柑橘种植呈现出两种组织形态：一是以家庭劳动力为基础的家庭经营模式，二是以农业雇工为基础的雇工经营模式。从时间维度来看，随着地方政府对柑橘产业重点打造的政策推进，吸引了工商资本进入青竹县进行规模化生产，柑橘产业的组织形态逐渐从传统的家庭经营向雇工经营转型。本章指涉柑橘产业的生产环节，主要目的是对柑橘生产组织的微观层面进行考察，首先展现内生于乡土社会结构的家庭经营，然后揭示资本下乡后，如何推动柑橘产业的生产组织模式转型。

3.1　嵌入乡土社会的家庭经营

　　几千年来，"男耕女织"的家庭经营模式一直是中国传统农业组织结构的真实写照，也契合了精耕细作的劳动集约化生产方式。这种经营方式与中国村庄社会结构的契合，使其成为乡土社会的重要组成部分。20 世纪 80 年代初，国家推行家庭联产承包责任制，确立了以家庭承包经营为基础、统分结合的双层经营体制。从历年的中央一号文件可以看出，中国农业经营组织在演化路径上已经从传统承包户向经营主体多元化迈进,但家户制始终贯穿于农业经营组织的变迁中(韩国明、郭鹏鹏,2017)。柑橘是青竹县的传统经济作物,改革开放后,伴随我国农业商品经济的发展,作物种植结构逐渐从"以粮为主,以柑为辅"的自给自足型家庭经营,转变为"以柑为主,以粮为辅"的商品化家庭经营。直至当下,青竹县仍然存在相当数量的家庭种柑组织。

3.1.1　家庭经营的概念框架与基本特征

1) 家庭经营的概念框架

不同国家的家庭经营规模和标准各异,为了明确界定家庭经营,本书研究将沿着元概念层—理论层—应用层—政策层进行解释,相关概念可以从"家"和"家庭"逐步扩展到"家庭经营""家庭农场"和"家庭承包经营制度"(见表3-1)。

表3-1　家庭经营的概念框架

解释层次	具 体 内 容
元概念层	家(home)、家庭(family)
理论层	家庭经营(family farming)
应用层	家庭农场(family farm)
政策层	家庭承包经营制度(household contract system)

"家"一词在中文语境中无论是在日常生活还是在社会科学研究中都使用较为频繁,主要包含三层含义。一是物理空间意义,此时"家"指的是住所,家庭所在的地理位置,并多运用于风水、建筑和土地等领域的研究;二是亲属关系意义,此时"家"指的是共同生活在一起的人,这些人彼此有血缘关系或亲缘关系,多被用于分析家庭内部结构和家庭成员的社会行动;三是社会身份层面,此时"家"指的是从事某种行业或掌握专业知识和丰富经验的人,或是某个学术流派的代表,这个含义广泛应用于社会流动、社会分层和哲学思想等领域。

"家庭"这一概念在农民的日常生活中,主要涵盖经济活动和日常生活,其生物学性质仅决定家庭的规模,而日常生活则决定了家庭的构成规律,展示了家庭环境的复杂变化。随着社会流动的增加和农村人口外流的加剧,在中国农民心中,只要存在亲属关系并且没有分家的情况,均视为同一"家庭"。从学理上看,费孝通在《乡土中国》中对中国农村家庭的概念和性质进行了深入的诠释,他指出,"家庭"是中国乡土社会的基本社群,这一社群不仅是一个生育社群,还赋有生育之外的其他功能,夫妻之间彼此经营着生计、情感和两性的合作。另外,中国农村家庭还是一个连续性的事业社群,家庭的规模由事业大小决定,但无论规模大小,结构上呈现差序格局(费孝通,2008)。在中国农村,家庭类型主要包括三种:一是由一对夫妻和未婚子女组成的核心家庭;二是一对夫妻、父母及未婚子女组成的主干家庭;三是由父母、几个已婚子女及孙辈组成的联合家庭(刘豪兴,2003)。随着社会经济的发展,农村家庭类型也出现了明显的变化趋势:联合家庭逐渐减少,而核心家庭和主干家庭逐渐增多。

"家庭经营"是指以农民家庭成员为主要劳动力,以农民家庭为相对独立的生产经营单位(李秉龙、薛兴利,2009)。这种经营模式不仅适应"精耕细作"的传统农业,也能有效应对现代农业中科学技术的应用与市场的挑战,具有极强的适应性和生命力。家庭农业作为一种普通的农业经济组织形式,既源于农业的生产特点,也与农村家庭的结构和文化紧密相关。展望未来,家庭经营将继续作为我国农业的主要经营形式,并在技术进步、经济发展和生产社会化的演变过程中进一步发展和创新(朱启臻,2009)。相较于"家庭经营"偏重于理论上的构想,"家庭农场"(family farm)更注重实践上的操作,是"家庭经营"的具体表现形式之一,也是近些年来国家大力发展新型农业经营主体的重要组成部分。家庭农场的概念多种多样,普遍认为它是一个独立的法人权利生产经营主体,通常由农民个人及家庭成员组成,并在利用终身占有、继承的土地和资产的基础上进行农业生产、加工和销售(方康云,2001)。近年来,随着中央政策的不断扶持,家庭农场的发展较为迅速,并逐步融入现代化农业的生产因素。

在政策层面,"家庭承包经营制度"是中国家庭农场发展的政策基础,是指农村集体经济组织将农村土地资源使用权依照法律规定授权给组织成员，实行家庭经营方式，集体为家庭经营提供服务支持的一整套制度安排（钟甫宁，2010）。"家庭联产承包责任制"是我国社会主义实践中的创新路径，是我国农业良性发展和农村社会稳定的基石。从历史演变来看，首先是"家庭经营"的客观存在，然后是家庭联产承包责任制的提出，并经历了政策的演变，最终促进了家庭农场的萌芽与快速发展。

2）家庭经营的基本特征

在青竹县柑橘产业发展中，大部分家庭在零散的土地上进行种植，每个家庭的生产规模在5～30亩，大多数仅配备简单的手动设备。这些家庭主要依靠自有的劳动力进行劳作，他们几乎承担了施肥、喷药、修枝、疏果、套袋和采果等全部生产环节。偶尔，他们会将一些相对不太熟练的环节，如修枝等外包给其他农户处理。

对于这些在家庭自有土地上进行柑橘种植的农民而言，生产过程中使用的大量要素投入都直接来自家庭内部，包括土地和劳动力。那么，与企业家相比，这些柑农在要素的生产核算与规模化种植的资本化经营方面是否存在差异呢？既往关于家庭经营的研究发现，当农民利用家庭劳动力从事生产时，通常不将劳动力计入成本核算，这与企业经营把人工工资计入财务账户的做法完全不同（恰亚诺夫，1996）。本小节结合田野调查，呈现柑农在生产经营过程中对土地和劳动力的分配和利用，同时深入研究柑农在要素使用过程中如何进行成本核算。

在柑橘种植过程中，从事生产活动需要具备以下要素投入：土地、劳动力、技术设备和资金。在接受问卷调查的105个柑橘经营主体中，有77户为家庭经营户，其家庭经营的基本特征如下：

（1）土地。由于青竹县的土地确权最初是按照不同地块类型进行分配的，家庭经营的柑橘树分布较为分散，最多的农户拥有23块不同位置的土地，最少的也有4块。少部分农户也会根据家庭劳动力数量以及土地距离住所的远近，选择流出或流入土地，以实现家庭劳动力的效益最大化，并缩短劳作的空间距离。在调研的柑农中，流出最少的土地有6亩，流入最多的有10亩。种植柑橘的土地分为山地和田地，青竹县通过"退巨桉，种椪柑"运动,已将大多数山地开垦出来用于种植柑橘。伴随种柑的热潮,许多农户将原本种粮食的田地也改种为柑橘。除此之外,不少农户还会在柑橘树中间套种茶叶、黄豆,并在林下养鸡。

(2) 劳动力。由于年轻壮劳力外出务工,从事家庭经营的柑农,中老年占据多数。在调查的农户中,柑农最大年龄为 73 岁,最小年龄为 41 岁。根据种植柑橘的技术要求,家庭内部有明确的技术分工:男性一般负责打药、修枝、套袋和采果,而女性则多从事施肥、除草和疏果工作。在某些特定环节,比如剪枝和采果时,农户偶尔会雇用 1~2 个外部劳动力或通过家庭协作集中进行劳作。在劳动力的文化水平方面(见图 3-1),柑农的学历主要集中在小学(30 人)和初中(31 人)。

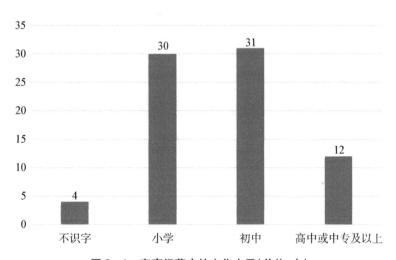

图 3-1　家庭经营户的文化水平(单位:人)

(3) 种植技术。在柑橘树的修剪环节,修剪前需观察全树骨干枝的配宜、长势和结果情况,以决定剪除量。以主枝为单位,修剪时先处理大枝,再修剪中等枝,最后处理枝组和小枝。同时,要及时处理较大的剪口,削平、涂蜡并包扎,以保护好伤口,促进尽快愈合。修枝设备一般采用电锯和手动修剪刀,由 1~2 人完成。在水肥技术方面,全年施肥总量按每产 1 公斤果施用 2~3 公斤优质农家肥计算,年内分 3~4 次施入。在新梢生长期,可酌情进行叶面追肥和补充微量元素。在疏果环节,结果过多易导致果实较小,并可能诱发大小年结果,因此可适当进行人工疏果。人工疏果分两次进行,在第二次生理落果后,进行第一次疏果,主要疏除病虫果、畸形果和密弱果;15~25 天后,根据适宜的叶果比进行第二次疏果。在病虫害防治环节,春夏季节主要危害柑橘叶片和嫩梢的害虫包括红、黄蜘蛛、蚜虫和蚧壳虫类。病害主要是炭疽病、煤烟病和黑斑病。在喷药时,可加入 0.3%~0.5%的尿素和0.3%~0.4%的磷酸二氢钾进行叶面追肥。

(4)资金。家庭种植柑橘的资金投入一般分为两个部分。一部分资金用于购置柑橘苗和技术设备,例如,2 年生的柑橘苗成本是 4 元/棵,直径 1.5厘米的苗木成本为 1 元/棵,设备包括修枝剪刀、撒药机等;另一部分资金用于购置农资,如复合肥、有机肥和叶面肥等。根据数据统计,柑农每年每亩投入的肥料费用在 500~2 000 元不等,农药费在 400~1 000 元不等。除此之外,用于柑橘套袋的白色纸袋平均成本为每个 1 角。

3.1.2 家庭经营目标

规模化的商品经营被认为是现代农业的典型特征,该经营方式在马克思笔下被称为商品经济下的资本逻辑。资本逻辑是指资本占据主导和支配地位,以实现生产力发展和社会财富积累,并将生产利润最大化作为生产目标的运作逻辑(杨生平、张晶晶,2020)。虽然家庭经营也涉及商品生产,但柑农的生产目标与雇工式的资本化经营完全不同。家庭经营遵循家庭逻辑而非资本逻辑,通常将满足家庭消费和延续家庭经营生产作为商品生产的动力。具体来说,柑农从事家庭经营主要实现以下生产目标。

1)经济目标:满足家庭消费的需要

柑农从事家庭经营活动首先是为了满足家庭消费的需要。由于单个家庭土地规模相对较小,家庭劳动力数量有限,家庭种植柑橘难以任意地扩大经营规模,土地规模通常与家庭人口结构相契合,当家庭年轻劳动力较多时,生产规模较大;而当家庭中老幼人群较多时,生产规模则相对较小。因此对于农民而言,为实现家庭效用最大化,家庭人口结构是进行主观决策的重要考虑之一。家庭经营具有既生产又消费的双重特征,一些柑农种植柑橘完全是为了满足家庭消费,他们普遍认为"外面购买的柑橘都打了农药,自己家种的吃着放心"，自己种柑橘不仅可以降低生活成本，也能够规避食品安全风险。还有一些柑农种柑橘出于两方面考虑，他们将一部分收入留存，用于第二年购买农资和设备，以便投入柑橘再生产，另一部分则用于满足家庭的日常消费。

> 刘兵，37 岁，种植了接近 10 亩柑橘，除了房前种的，后山上还有一些。刘兵没有把土地承包出去，都是父母在种，而他常年在外开卡车，从事长途运输工作。刘兵有一个姐姐，早年患上了精神疾病，姐姐家里条件也不好，有个儿子 20 多岁也有病，刘兵父母的积蓄都让患病的姐姐花完了。据刘兵说："土地租出去一年一亩 1 060 元，我们家 4 口人的年收入 4 900 元左右，根本无法满足基本开销。我们达不到小康水平，所以只能自己种点果树卖，再留点土地种粮食和蔬菜供自己吃，这样可以节约点钱给姐姐看病，至少吃饭我们不用花钱了。"（20200618 - LB）

2）家庭目标：满足照料家人的需要

家是由亲属纽带结合在一起的，无论是传统农民家庭还是现代农民家庭，都体现出"家本位"思想的价值属性。年幼时，父母照顾孩子；成人后，孩子反哺年迈的父母。费孝通将中国的养老方式称为异于西方"接力模式"的"反馈模式"。虽然近年来家庭养老模式逐渐式微，但该模式依然是中国养老模式的主流，体现了"家本位"文化中的责任与义务。在计划生育政策的影响下，四川农村家庭普遍只养育一个孩子，照料父母和供养子女的重担就落在了独生子女身上，这也成为许多农民返乡种柑的重要因素。

> 郑成明，49 岁，初中毕业，有 2 个女儿。目前，家庭的主要经济来源是柑橘种植。2011 年之前，郑成明和大多数年轻人一样外出打工，已在外跑卡车运输 15 年。2011 年，为了照顾年迈的父母和女儿，返乡在镇上开了一家超市，后来发现种植柑橘比较有前景，就关掉超市开始流转土地，专门种植柑橘和葡萄。（20180721 - ZJM）

3) 生活目标：对自由生活的憧憬

当被询问"在外务工和在家种柑有什么区别"时，尽管众说纷纭，但有一个回答具有普遍性：外出打工不自由，在家种柑橘相对自由。在外务工时，农民工常常面临高压管理、严格的劳动纪律、高风险的劳动岗位、延长的劳动时间以及拥挤的宿舍环境等，工厂的规章制度将他们置于福柯式的"全景敞视空间"之中（任焰、潘毅，2006），使他们身心俱疲。因此，返乡种柑成为许多农民不喜束缚，追求自由生活的表达。

> 刘佳，中专学历，1994年出生，上学时玩心比较重，学习成绩一般，最后选择就读中专。中专的最后一年，学校组织去江苏盐城实习。她回忆道，实习条件非常不好，在电子厂的流水线上工作，每个月才1000多元，工作时间上午8:00到12:00，下午14:00到18:00，经常需要加班。当时在盐城时常想家，甚至天天哭，饮食不适应，生活也不自由，最终决定回家。父母在家一直种果树，她回家后就一边帮忙种果树，一边在县保险公司上班。保险公司的工作要天天跑业务，一年后，她发现自己并不喜欢朝九晚五的生活，反而比较向往田园式的自由生活。于是，她辞职返乡承包土地，和家人一起种植柑橘。（20200704 - LJX）

4) 社会目标：应对社会风险的退却方案

虽然村庄的很多年轻人外出务工，但并不意味着每个外出务工的村民都能顺利积攒财富并扎根于城市。在调研中发现，许多村民年过半百后选择返回家乡从事柑橘种植，其中部分原因来自社会风险：一是城市空气污染、噪声污染和食品安全等问题让农民生活极度不适应，相较之下，乡村生活对于农民而言具有更高的社会适应性；二是城市的生活节奏快，人际关系疏离，这让外出农民感到紧张和乏味；三是突发性公共卫生事件放缓了经济发展速度，城市对劳动力的需求量减少，返乡从事农业生产成为面对突发风险的退却方案。

> 程叔，51岁，以前在成都与一个老板做海鲜生意，由于身体状况不

佳,他决定返回刘村,和妻子一起种植柑橘。据他介绍:"我 51 岁了,出去打工都没人要了。外面招工都要 40 岁以下的,今年又碰上疫情,海鲜生意特别不好做,就回家来种柑橘吧。"(20200616 - CXM)

周姐,47 岁,家里种了 12 亩柑橘,她说:"这边土地还有不少没有包(流转)给别人的,这个生产队出去打工的人很少,很多人都留在屋头(家里)。我早年也曾外出打工,但生活不太适应,我们从小吃辣,江苏那边都不吃辣。我在外面感到很孤独,后来还是决定回家了。我们家里有果树,出去找不到活路(工作)的人都回来种柑橘。而且我们村有个种果树的老板,我们会帮老板做一些活路(帮工)。我把自己的果树弄好了,就去帮他疏果,那个老板天天叫我们去帮忙。"(20200616 - ZLQ)

3.1.3　家庭经营"小而散"的土地特征

土地和劳动力利用方式的分殊是区分家庭经营和雇工经营的重要因素。回顾青竹县农业发展的历史脉络,柑橘种植的家庭经营是多重制度塑造下的必然结果。一是土地承包经营权的确立决定了柑橘种植呈分散的小规模状态;二是家庭制度决定了土地经营规模与家庭人口的关系;三是国家制度决定了柑橘劳动力的群像特点。

家庭作为农业生产经营主体往往受到国家制度的形塑,国家不仅赋予家庭经营的独立自主权和自负盈亏的经济责任,还通过营造制度环境为家庭经营提供合法性支撑和制度保障(宁夏,2015)。青竹县种柑家庭经营正是源于 1983 年土地承包到户的政策。

在人民公社时期,青竹县和全国其他农业地区一样,实行了"三级所有、队为基础"的生产经营体制。公社在经济上是各生产大队的联合组织,而生产队是独立核算、组织生产、安排福利事业的基本单位(郑淋议,2020)。尽管公社时期家庭依然存在,但家庭的经营自主权因制度要求被削弱,与此同时,集体化时期的"比偷懒"现象降低了农民的生产积极性,年轻人离土离农倾向明显,这一切都呼唤着家庭经营作为生产经营主体的回归。1983 年,国家正式确立了家庭联产承包责任制,将家庭经营确立为我国农村的基本生产经营组织形式,跟随改革浪潮,青竹县开始了土地承包经营权的分配。由于青竹县的土地集体所有权归生产队所有,土地分配权也掌握在生产队手中,在此过程中,山地和田地的划分标准存在分殊。

1)划分山地

在"包产到户"初期,柑橘的商品化程度较低,农户也不习惯开垦山地种植粮食或果树,因此农民通常将山地视为生火做饭所需木材的来源地,树木的多寡便成为划分山地的主要标准。首先,生产队会召集农户进行抽签,以确定选取树木的具体位置和数树的先后顺序;其次,生产队和农户一起数树,用手丈量树的周长,标记符合标准的大树,再将这些大树周围的土地和小树一并划为一块地。最后,根据树木所处坡度和地块树林的密度将土地按等级划分,将不同等级的地块分摊到队内的各户手中。山地的划分是按区位进行的,高海拔的土地一般不会统一划分给一户家庭,而是从1~10号依次划分。数完树后,在树上绑上稻草作为标记,再进行下一轮的1~10号分配,直到把山上的树数完。因此,每户获得的山地往往分布较远。从刘村7队徐子航一家的情况来看,他们家屋前的山上有4块柑橘地,屋后的山上还有5块柑橘地,而两片山地之间需要步行30分钟。

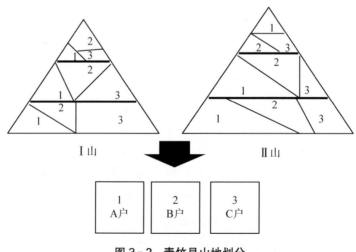

图 3-2　青竹县山地划分

2）划分田地

田地主要用于种植家庭成员所需的口粮和蔬菜，因此其划分标准是根据土地产量的高低来确定的。首先，生产队会根据肥力将土地划分为一级地、二级地、三级地和赤贫地，并对地块进行折算，例如一级地为玉米和红薯等农作物产出最高的地，计为 1 亩；二级地为次一级的地，折算为 1 亩 1 分；三级地则为差地，折算为 1 亩 3 分；赤贫地是等级外的地，主要是一些树林，用于养鸡养鹅，由于肥力低下，很多农户都不愿意要这类地。因此，生产队会先分配等级地，再分配赤贫地。在完成土地的等级划分后，生产队会按户进行编码排序，随后召集村民抽签。村民抽到的签号对应他们分配的土地。在刘村村支书看来，按照当时规矩划分土地，无论是山地还是田地都是因地制宜，村民们普遍认为这种分配方式是公平的，因此几乎没有人抱怨。然而，这种分配方法也导致了单个农户的地块相对分散。调研数据显示，地块最高的农户有 30 块，最少的也有 6 块。以河坝村 2 队的李秀芝家为例，他们的土地有 13 块，其中面积最大的山地为 2.4 亩，最小的田块仅有 1 分地。

1998 年，青竹县颁布了《关于进一步稳定和完善农村土地承包关系，做好延长第二轮承包期工作》的通知。文件指出，青竹县坚持"大稳定，小调整"的方针，在前一轮的基础上，根据人口的出生、死亡、婚嫁、超生等情况对土地进行应进应退的调整。从 1998 年起，根据"增人不增地、减人不减地"的原则，这一政策一直延续至今。目前，青竹县柑农人均种植面积约为 8 亩。

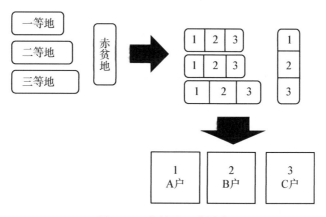

图 3-3　青竹县田地划分

3.1.4　家庭经营中非正式土地流转的差序关系与道义逻辑

如前文所述，在青竹县第一轮土地确权中，山地是以树木数量而非土地面积作为分摊标准的，这就造成了同村内各家庭在柑橘种植规模上存在明显差异。例如，一些由老年人构成的家庭拥有20亩山地，但他们由于体力不支，希望能够把土地流转出去。相反，一些由留守妇女或返乡农民组成的家庭仅有2亩山地，但他们有充足的劳动力，渴望扩大种植规模。于是，成年人家庭逐渐从老年人家庭中流转土地种植柑橘，这便形成了村庄内部的非正式土地流转机制。由于村庄是由血缘和地缘关系构成的熟人社会网络，家庭成员能否顺利实现土地流转，与亲缘、邻里等差序格局有着密切的联系。

刘佳在第一轮土地确权中只分得了8亩地。2013年政府鼓励开山种植柑橘后，刘佳的父母便在山上和田里都种上了柑橘。刘佳的爸爸在家中排行老七，刘佳上面有六个姑妈，姑妈们外嫁之后就把土地全部留给了刘佳的爸爸，也不要租金。目前刘佳家里共种植了30亩柑橘，刘佳父母两个劳动力刚好能够打理这30亩果园。（20200704 - LJX）

周姐家有1亩多地，是邻居老人去世后赠予她的。以前，周姐和这位邻居关系很好，邻居的子女都在外地上班，老人去世后也就没人种了，周姐就在这块地上种柑橘，老人的子女也不收租金。每年产果子后，周姐都会给老人的子女寄点。据周姐介绍："咱们村有不少撂荒的土地，很多人长期不在家里，就不种了。有些土地地理位置不好，想流转出去都没人要，有的干脆就送给关系好的邻居了。当然，也有邻里关系不太好的，宁愿荒着土地，也不愿意送人。"（20200630 - WZL）

潘阿姨的土地都是当年生产队分给她的。这些土地的原户主大多因为家庭劳动力不足或者一家人长期在外居住，无法继续耕种，就把土地还给了生产队。生产队看到潘阿姨种柑橘就想调配给她，潘阿姨表示愿意作出一些贡献，将这些地接手过来种，并给原户主支付一些租金。但调配后发现这些土地中间有1户"插花"——一小块属于他人的地块。潘阿姨表示有点后悔，因为种起来有点麻烦，但是因为和队长关

系好，也不想因为这一户的土地问题而反悔。（PXZ - 20200621）

　　张兴以前做猪饲料生意，还在山上运营着一个约200头猪规模的养猪场。后来，国家推行环境整治，要求经营户必须实行种养循环。于是，2016年，张兴租了30亩地，边养猪边种柑橘，并将猪粪发酵后用作柑橘的肥料。平时，猪场和柑橘都是夫妻两人共同管理。张兴是龙凤村本地人，他流转的30亩地来自本村五组的10个农户，他自己出面，和这些农户签订了土地流转合同。张兴说："外地人才找队长协调租土地，当地的市场价是450元/亩，但老百姓以为来了大老板，就坐地起价，要800元/亩。所以我都直接对接农户，村里人都认识我，就以450元/亩租给了我，不过，有些关系远的农户还是会较劲，其中有1户就这样，我就私下多给了他们50元，以500元/亩租下了他们的地，算是花钱买个安稳。"（ZYX - 20200704）

　　首先，家庭经营的非正式土地流转遵循的是社会逻辑，而非市场逻辑。无论是土地流入者还是流出者，都是处在熟人社会的关系网中，土地流转的交易更多是基于"送人情"，而不是单纯地获取地租。例如，刘佳和周姐从亲属和邻居家流转来的土地均无须支付流转费。因此，土地流转就被嵌入村庄的社会关系网中，家庭经营者的血缘广度、社会地位和人际关系强弱在流转土地中发挥着重要作用（周娟，2016）。相较于家庭经营，资本主导下的雇工经营则需要通过经济交易，并借助村庄关键人物来促成土地流转，这使得流转成本明显提高。

　　其次，家庭经营的非正式土地流转中的个体差异遵循差序逻辑。刘佳家中流转的土地是亲属直接赠送，她既不需要支付租金，也不需要回馈任何礼品；周姐家的土地来自去世邻居家遗留的荒废土地，虽不需要支付租金，但每年会以柑橘作为回馈；潘阿姨通过生产队长，也是其朋友作为媒介流转土地，并支付了土地租金；张兴则自己与农户签订协议，以低于外来资本流转土地的费用支付租金。但对于弱关系的"闹事者"，他会通过额外多支付流转费来化解风险。由此看来，非正式土地流转沿着亲属—邻居—朋友—村内弱关系人逐层铺开，至亲圈内几乎不需要支付土地租金，一旦流转跨出至亲圈，则需要给予相应的回馈或租金，甚至可能涉及私下的"隐蔽性交易"。当然，如果双方本身存在矛盾，即便是有地缘关系的邻居，也很难完成土地流转的市场交易。

最后，家庭非正式土地流转遵循道义逻辑。斯科特对东南亚村庄研究后发现，农民的经济行为更符合生存道义，农民更看重村庄共同体内的集体利益（斯科特，2013）。家庭经营中的土地流转也符合斯科特笔下的道义逻辑。农民都在经营柑橘种植，大家对每年柑橘的投资、产出和利润了如指掌。有些家庭只有通过流转更多土地才能维持家庭经营。正如一位流出土地的农户所说："我们家 6 分地距离居住地太远，就免费送给土地附近的老夫妻两人种，没有收取租金，都是乡里乡亲的。如果是土地规模比较大，那我肯定找他们收租金。"可以看出，道义原则已成为地方性共识，农民是否愿意流转土地以及是否收取租金，既受到差序关系的影响，也源于道义下的集体利益和道德判断。

3.1.5　不同类型的劳动力组合

在柑橘产业中，家庭劳动力的组合在过去几年发生了显著变化。在 20 世纪八九十年代，虽然柑橘品种仅限于红橘和椪柑，产业规模在当地也尚未形成，但凭借年轻劳力和精细管理，青竹县被评为"中国椪柑之乡"。在柑农的记忆中，那一时期柑橘产业铸就的辉煌足以与当下规模化的柑橘种植相媲美。随着市场化的发展，柑橘产业的家庭劳动力组合也随之发生了更替。

1）年轻夫妻家庭：迎合市场下的家庭分工

在"包产到户"初期，农业商品化程度较低，农民主要种植粮食，但已经有一批年轻人开始尝试种植柑橘，男性不仅在家中种植柑橘，还要外出跑销售，女性则辅助男性进行施肥、除草和采果。调查显示，当时第一批种植柑橘的年轻夫妇具有迎合市场的前瞻性，通过种植柑橘均改善了家庭的生活条件，甚至凭借财富积累获得了当地人的认可，并通过选举赢得了村干部的职位。

郭彬于 1982 年高中毕业后回到家乡，恰逢推行土地"包产到户"。当时，郭彬的父亲在县政府工作，三哥在乡政府上班，全家人口多，但缺乏农业劳动力,于是他和妻子便留在村里种地。当时他所在的村有个农户将粮田改种了 2 亩多红橘树,郭彬无意中了解到,这 2 亩多果树每年能产出红橘 300 斤,按照当时市场价 8 角钱一斤,可以挣到 240 元,而当时的水稻才卖 2 角钱一斤。郭彬当时就被触动了,于是去新华书店买了《中国柑橘》和《中国柑橘 500 问》决定自学技术,同时向那位农户请教相关问题。之后,他自己种了十几棵红橘树,3 年后就开始投产,最后卖了 1000 多元/亩。其他邻居看到他种红橘赚钱,也想跟着种。郭彬就育了一批柑橘苗,送了一些给邻居,自己也卖了一些。他最先是把二等地和三等地用来种红橘,后来把种粮食的一等地也全部改种上了红橘。在家庭分工方面,郭斌主要负责一些技术上的活,比如修枝、打药、卖农资、外出学习等,以及把红橘拉到成都销售或送往附近的陈皮加工厂。妻子则在家照顾孩子,并负责给果树施肥、除草以及之后的采摘。(20200628 - GB)

潘秀芝,57 岁,1981 年差 2 分没有考上大学。高中毕业后回村和丈夫李学才结婚。1982 年土地包产到户后,她和丈夫就开始种柑橘。刚开始他们用自家的田来种,收效不错又开垦了山地,一共种植了十多亩。潘秀芝当时还在学校当老师,一个月工资 35 元钱,课下就管理果园,如果学校工作忙就以每天 2 元的费用雇人,帮助她打理果园。丈夫李学才种植柑橘的技术特别好,不仅种植自家的果园,还经常被请出去给其他农户培训。柑橘成熟时,两人就一起进城去销售柑橘。靠着种柑橘获得的收益,夫妻两人不仅在县城买了住房,让孩子在县城上学,还开了一家店面专门销售柑橘。后来,凭借夫妻二人的影响力,潘秀芝还在县里任职,成为县科协主席。(20200610 - PXZ)

2) 留守妇女家庭:风险分担下的理性抉择

20 世纪 90 年代后期,青竹县外出务工的年轻壮劳力逐渐增多,许多年轻男性纷纷离开土地,前往成都、广州、深圳等经济发达城市谋求更高的经济收入。与此同时,女性为了照顾子女和老人,选择留在家庭中,这便形成了一个特殊群体:留守妇女。留守妇女除了承担照料家庭的无酬劳动外,还通过种植柑橘来分担家庭的经济风险。在这一阶段，女性逐渐在家庭经营中成为主要力量。

> 陈阿姨，49 岁，小溪村 2 组的农民。陈阿姨之前一直从事椪柑种植，2016 年开始种上了马克斗，预计收入 1 万～2 万元/年。陈阿姨家里有 3 口人，丈夫在广东务工，女儿在城里开美容院。家里 7 亩多的柑橘都是陈阿姨一个人打理，并且还要照顾老人，偶尔女儿还会把孩子放在家里让她帮助照顾。去年，陈阿姨在柑橘种植上投资了 11 300 多元，四个不同种类的柑橘一共销售了 9 400 元，其中马克斗尚未达到丰产状态。陈阿姨还养猪，柑橘的收入是养猪收入的三分之一。陈阿姨说刚结婚时吃不饱饭，现在生活变好了，但女儿 30 多岁时离婚了，要操心，70 多岁的老人还需要她照顾。陈阿姨花了 15 万元送女儿去日本打工两年，去年 5 月，又让她去成都找师傅学美容，花了 2 万多元，后来女儿在城里开店又投入了 5 万～6 万元，而家里的房子至今都没有翻修。她感慨，丈夫在外务工很不容易，一家人三地分居也很无奈，丈夫年纪也大了，过两年干不动了也要回村。（20200707‐CHJ）

从陈阿姨陈述中可以看出，留守妇女在家庭生计发展中扮演着积极的行动者角色。农村男性在外务工，女性留守家庭照顾老人和孩子成为社会流动背景下的合理选择。陈阿姨从事柑橘种植，一方面是家庭风险的分担方式，避免外出的丈夫因失业而失去家庭生活来源；另一方面，农业生产也体现了农村的生活惯习，浑厚的农耕文化形塑了妇女从事柑橘种植的行为。

3）老年夫妻家庭：劳苦规避下的生存逻辑

随着社会流动加剧，城市丰富的医疗、教育等基础资源吸引着更多的年轻人向外流动，与此同时，生活成本的上升使得家庭种植柑橘已难以满足生活需求。因此，女性也逐渐跟随丈夫加入了进城打工的队伍，此时家中留下的便是年迈的父母。此时，老年夫妻组成的家庭经营模式便成为主要的组织方式。

刘奶奶 67 岁，老伴罗爷爷 71 岁，夫妻二人是柳村 1 组的农民，现在合村并组后成为刘村 9 组的农民。刘奶奶种了 4 亩多水稻，后来看到别人种柑橘，便决定把山上 3 亩地全都种上柑橘。不过由于技术落后，种出的柑橘品质一般，能卖出去就卖，卖不出去就自己留着吃。家里还有 2 亩田租给了一个下乡来养鱼的"老板"，可惜"老板"挖鱼塘养鱼后，鱼全死了。"老板"最终放弃鱼塘"跑路"了，租金也没给这对老夫妻。平时夫妻俩忙完自家的农活后，就去 1 组大农户的田地里"点黄豆"，一天的劳务费为 80 元。家里还有两个孩子，20 多岁，还未成家，家庭负担很重。（20200619 - LQM）

李奶奶是潭村人，64 岁，家里共有 7 口人，除了老两口，其他人都在外地打工。老两口种柑橘已经 30 年了。李奶奶说她所在乡镇的柑橘比较出名，在全县能卖上最高价。李奶奶家去年的柑橘产量达到了 3 万斤，卖了 4 万多元。李奶奶虽然年纪大了，但还有意愿引进新品种，因为老两口全靠这些柑橘谋生。她的两个孩子都还没有结婚，还需要钱，李奶奶认为农村没有养老保障，"停了手就停了口"，她表示，直到种柑橘种到不能动了，才会结束这份工作。（20200703 - LGQ）

无论是刘奶奶还是李奶奶，她们都尽可能根据自己的身体条件进行劳作，一是满足自己老两口生活的基本需求，种点粮食和蔬菜确保自给自足，不用在市场上购买，再种植一些柑橘带来一些收入，用于购置一些生活必需品；二是农村老人向下期望的责任伦理，促使他们不想给子女增添负担，尽量在具备劳动能力的前提下实现自我供养；三是将种植柑橘作为生活娱乐的一部分，丰富晚年的生活，使得日常劳作不再单调。

3.1.6　家庭经营的成本核算

在农业家庭经营中，土地和劳动力是最基本的两项生产要素，而土地规模和家庭人口结构对农民能否实现生计发展有着重要影响。但是，在进入种植环节之后，绝大多数家庭在对生产成本进行核算时，并没有按照经济学思维将土地和劳动力成本纳入考量。笔者在调研中发现，柑农在核算生产成本时，往往更看重高额的农资产品投入，例如农药、化肥和除草剂等。对于确权后的土地和投入的家庭劳动力则很少考虑。根据柑农的计算法则，他们先是核算种植柑橘的初期投入，柑橘从开始种植到结果通常需要三年时间，在第1年，他们会重点计算柑橘苗、设备投入和农资产品的成本，在第2~3年，则关注农资的持续投入成本。从第4年开始，他们则用柑橘产出减去当年的农资投入和前3年的投入成本，直至利润弥补完前3年和当年的投入。一旦回本，他们便按照当年产出减去当年的投入成本计算利润。

1）关于土地的核算

正如上一节所分析的，村庄内部的土地流转根据关系亲疏远近所付出的土地成本往往不尽相同。但在绝大多数情况下，柑农并不将土地纳入成本核算中。在土地问题上，柑农主要考虑以下几个方面。

首先是土地上作物结构对生活的影响。不同于雇用农场倾向于单一化经济作物的种植，农民更青睐作物结构多元化。虽然在粮食商品化背景下，农民完全可以通过市场购置粮食，把土地全部用于种植经济收益更高的柑橘。但调研发现，不少农户依然保留了1~2亩田地用于种植水稻供家庭食用。其原因有三点：一是水稻种植相较于柑橘工序更加简单，而柑橘收入已经足够支付额外的生活开支，他们不希望生活变得过于复杂；二是农民非常重视生活质量和身体健康，认为自家种植的水稻不施用农药和化肥，食品安全能够得到保障；三是农民种植粮食自给自足，可以降低生活成本，减少对市场的依赖。

其次是土地规模调整的问题。传统农民对土地都有着深厚的情感，尤其对于一些老农而言，认为闲置自家土地就是一种浪费。他们通常不会把土地纳入成本核算，反而因为种植的惯习和传统观念促使他们继续从事农耕活动。在新追加的土地中，亲属或邻居赠送的土地通常也不会带来额外的使用成本，虽然土地规模扩大，但这种投资并不会纳入经济核算。相反，对于从生产队集体或弱关系的同村人手中流转来的土地，农民则会将土地费用纳入成本核算。不过，流转费通常也远低于外来资本的土地租金。而且，经过长时间的相处，当出租人和承包人之间的关系从弱关系走向强关系时，土地租金甚至可能进一步下降。

最后是土地流转市场上的机会成本。根据经济学原理，机会成本可理解为柑农利用土地种植柑橘而放弃出租土地获取租金的机会，反之亦然。倘若单纯从经济层面去解释，农民可能会选择将家里的小块土地全部流转出去，从而解放劳动力进城务工。但在调研中发现，即便在村庄内部发生土地流转，不少农户仍保留了土地用于家庭经营。正如前文所述，非正式的土地流转更多表现为一种互助行为，而非纯营利行为，彼此首先考虑的是生活需求，而非生产需求。因此，在这种情况下，柑农通常不会将机会成本纳入核算。但是如果将土地流转给雇用农场，农民则会更加重视流转费以及失去土地后务工的收入问题，这一点将在下文中进一步讨论。

2）关于劳动力核算

在家庭经营中，种植柑橘的劳动力投入大多数情况下并不计入核算，当然，在柑橘成熟季节雇用少量劳动力帮助采摘除外。在劳动力核算问题上，主要涉及以下几个方面。

一是劳动力成本核算困难。雇用劳工的生活成本来自农场之外，而家庭经营中的劳动力成本源于家庭内部，且家庭劳动力的投入最终又转化为家庭整体的消费，因此计算起来较为复杂。同时，家庭人口结构长时间处于恒定状态，维持劳动力的生活成本也基本是个定量，无论劳动力是否参与柑橘种植，他们都会消耗家庭的产出利润。不同于雇工经营按天结算工资且雇主有权随时辞退劳工，家庭经营中的劳动力花销通常计算在家庭总体开支中，很少会将成本均摊到个人身上。而且一个家庭也不会因为某个家庭成员不种柑橘而将其赶出家门或不给生活费。此外，雇工经营有固定的上下班制度和监管体系，而家庭经营不考虑具体的劳作时间，完全根据家庭内部成员的具体情况灵活安排。因此，家庭经营中每个劳动力的贡献往往是模糊的，很难进行精准的成本核算。

二是劳动时间与闲暇时间的同一性。劳动异化本质是人的异化，追求物质生产的劳动时间便成为劳动者的负担（高娜，2011）。当农民在雇用农场劳作时，工作日的劳动时间和闲暇时间处于分离状态，劳动时间他们要将所有的时间和精力用于谋生，劳工之间也很少有交流。相反，家庭经营的劳动时间和闲暇时间呈现出一种整体性生活的特征，夏天每天早上 5 点多钟，村民们就开始扛着设备上山打理自家的柑橘树，中间伴随着他们之间的闲聊、吆喝和欢笑。因此，对于家庭经营而言，劳动时间的消耗不仅带来物质收入，也是农业社会生活的一种闲暇方式，具有工作和娱乐的双重属性。因此，家庭劳动力的贡献很难以单一的劳苦标准进行量化。

3.2 脱嵌于乡土社会的雇工经营

近些年，尽管柑橘林依然硕果累累，但柑橘生产的组织形式发生了显著变化，一天中的大多数时间，农民们戴上草帽、系着围裙、背上农药箱，前往的已不再是自家果园。当你向一位农民打招呼，询问他们要去哪儿时，"上老板园里干活"已经成为最常听到的回答。这一现象的出现，源于柑橘产业资本对青竹县柑橘种植的渗透。当柑橘产业发展到一定阶段，家庭劳动力无法满足家庭扩大再生产的需求时，运用资本开展规模化生产便成为趋势，在这种情况下，雇工经营逐渐兴起。那么，资本在雇工经营中采用了哪些方式？雇工经营产生过程中，资本经营方式如何挤压家庭农业？本节将对此进行详细阐释。

3.2.1 项目支持与资源整合

农业税费改革前，农业治理的组织费用主要来源于乡村组织对农民收取的农业税。当农业税费取消后，乡村组织与农民的制度性关联瞬间消解，农业治理的主体也从乡村组织上移至国家（龚为刚、张谦，2016）。税费改革后，国家将农业治理资源以"项目制"的形式输送到县级政府，县政府为了完成任务并取得政绩，通常会寻找新型农业经营主体作为承接和完成任务的代理人，小农户逐渐被边缘化已成事实（龚为刚、张谦，2016）。因此，国家干预成为推动农业生产组织转型的动力机制，而项目制则是实现这一转型的重要手段。

青竹县在税费改革前，以椪柑品种为代表的柑橘产业已具有相当规模，以果乡为例，截至20世纪90年代末期，全乡的水果种植面积已超过8000亩，其中椪柑就有7000亩。在乡党委的支持下，1999年12月，果乡举办了万人参加的首届果乡椪柑节（县委机关报，2003）。虽然当时乡政府培育了十多位椪柑大户，但人均椪柑面积仅百余株，以平均每亩 60 株计算①，果乡的柑橘生产组织依然是以家庭经营为主的小农户。

税费改革后，青竹县大力推动柑橘产业化发展。2006 年，县委和县政府将柑橘产业化经营确定为全县农业产业化的重点，但当时的柑橘生产还处于初级市场竞争阶段。为促进农业增效，青竹县政府将项目资源重点用于打造柑橘产业，其中一项重要举措便是推动龙头企业的发展，这也标志着柑橘产业转型的序幕正式拉开。

> **改善运营机制，培育龙头企业。** 根据实际，应按照"统筹规划、效益优先"的原则，通过**政策倾斜、项目支持、资金帮扶**等手段，做大做强一批椪柑生产、加工和运销企业，使其在产业链中真正发挥龙头作用，从而实现农工贸一体化和生产加工销售一体化；坚持内联企业、外联市场，真正建立"龙头企业（公司）＋农户"或"龙头企业（公司）＋专业合作社（或协会）＋农户"的营销模式，以适应国内外大市场的需求。为此，我们鼓励社会各界创建椪柑产业营销企业，扶持椪柑产业的营销示范企业建立生产基地；鼓励企业强强联合，优势互补，共同打造品牌，开拓市场；鼓励建立不同层次的果农协会、运销协会和椪柑中介组织，把全县果农联合起来，加快椪柑产业化的纵深发展。（资料来源：《青竹报》，2006 年 10 月 16 日）

2013 年，青竹县政府印发了《加快椪柑产业发展实施意见》，以推动小农户向规模化大户转变。县政府通过项目支持，鼓励工商资本进驻柑橘产业，进一步扩大青竹县柑橘产业的影响力。2017 年，县政府提出了"扶持跟着项目走"的实施办法，为资本下乡从事柑橘生产提供了便利。到 2018 年，县政府更是将培育规模化经营主体作为发展青竹县椪柑产业发展的重点。一些

---

① 根据调查问卷和访谈，青竹县柑橘种植平均每亩为 60 株，小农户亩均种植数量通常会高于 60 株。

项目政策的摘录如下:

> 吸引农民向椪柑产业集聚。培育椪柑专业合作社(协会)家庭农场、专业大户 500 个以上,推行业主(合作社)代种代管模式,实现"小户"向"大户"转变、传统式种植向标准化生产转变、粗放式经营向集约化经营转变。培育营销龙头企业。采取政府入股、业主控股、果农参股的形式,组建青竹县椪柑产业发展有限公司,实现生产、管理、营销的一体化发展。内联农户,订单式生产。对椪柑基地划片区承包给技术人员,长期进行技术跟踪,随时提供技术服务;外联市场,整合全县的椪柑销售网络和经纪人,形成合力,开展统一的营销活动。统一使用"青竹椪柑"品牌,加强椪柑包装的升级改进。(资料来源:《加快椪柑产业发展实施意见》,2013 年)
>
> 产业是经济发展的支撑,项目是产业的抓手。对全县机械、竹编、椪柑、旅游、电子商务等产业予以重点扶持。扶持对象包括在本县进行工商注册登记并解缴税收,具有独立法人资格的企业、经济组织、社团、个体工商户,以及特定的扶持对象。(资料来源:《青竹县"扶持跟着项目走"的实施办法(试行)》,2017 年)
>
> 培育 1 家省级农业产业龙头企业,建立"龙头企业＋专合社＋家庭农场(农户)"利益联结模式。鼓励工商资本进农村,通过规模流转实现适度经营。到 2021 年,全县培育 10 个柑橘产业社会化服务组织、200 个规模化新型经营主体,并培养新型职业农民 2 000 人,使这些新型经营主体成为椪柑产业发展的主力军。(资料来源:《关于建设全国特色产业示范县推进椪柑产业高质量发展的决定》,2018 年)

2020 年,在一系列项目的扶持下,青竹县的柑橘产业生产组织逐渐从规模化雇工经营转型为以小农户为基础的家庭经营,此时,青竹县从事生产、冷藏、包装、运输、销售等的公司有 12 家、合作社 13 家以及规模化家庭农场 325 个,其中包括县级龙头企业 3 家、市级龙头企业 2 家和国家级专业合作社 2 家,相当数量的柑农成为这些农场中的雇用劳工。

青竹县的项目扶持对象主要是规模化经营主体,政府通过颁布文件的方式支持这些主体的发展。随着下乡资本逐渐拉开与家庭经营的差距,柑橘产业空间内的区隔开始形成,这也是家庭经营逐渐被雇工经营替代的重要原因。

技术区隔是实现雇工经营的显性路径。技术进步旨在实现高利润,在这一点上,技术和资本具有逻辑共契,技术资本的转化路径包括基础设施建设、技术知识传播和固化的工艺流程(高剑平、牛伟伟,2020)。青竹县政府通过项目为柑橘产业资本获取技术提供便利,从而形成了雇工经营和家庭经营之间的技术区隔,这不但成为雇工经营产生的关键条件,也是雇工经营实现柑橘生产"去家庭化"的原动力(见图 3-4)。雇工经营以项目治农的传导路径如下:

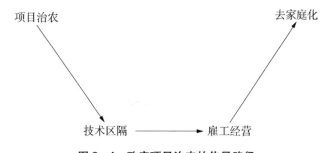

图 3-4　政府项目治农的传导路径

1) 基础设施建设

技术区隔首先是"物化"形态的区隔(高剑平、牛伟伟,2020)。青竹县最先推动柑橘产业发展的基础设施建设就是开山进行改造。2013 年以前,青竹县山上种植面积最大的是巨桉,2013 年县政府出台《加快椪柑产业发展实施意见》后,全县掀起"退巨桉,种椪柑"浪潮。当时全县以村为单位进行了坡改梯,将山地改造成 3~4 米的台面,随后在山上深翻土壤以种植柑橘(见图 3-5)。政府当时出台了相关政策,对成片新植椪柑 10 亩以上,每亩补助 500 元,分三年兑现;成片高换 3 亩以上,每亩一次性补助 300 元。在土地流转方面,对一次性新流转 10 亩以上发展椪柑产业的农户,给予一次性资金补助,其中:10~50 亩每亩补助 50 元,50~100 亩每亩补助 70 元;100~200 亩每亩补助 100 元；200 亩以上每亩补助 150 元。接着，政府在后三年制定了柑橘产业发展任务分解表。

图 3-5 退桉开荒前后对比

经过三年的发展，根据青竹县农经统计报表记载，2016 年全县柑橘面积达到 68 512 亩，比 2013 年增加了 5 414 亩。2017 年，县政府进一步推动高标准果园改造计划，并根据扶持政策内容，对新旧柑橘园进行支持。连片面积 50 亩以上（含），安装了监控系统和水肥一体化系统等物联网设施的，按 300 元/亩给予一次性补助。对于老果园的标准化改造，同样要求连片面积 50 亩以上（含），采取深挖改土培肥，建立质量可追溯体系，完善水、电、路等基础设施的，按 500 元/亩给予一次性补助。而新建标准果园，连片面积 50 亩以上（含），采取深挖改土培肥，建立质量可追溯体系，完善水、电、路等基础设施的，按 1 500 元/亩给予一次性补助。在政策鼓励下，越来越多的业主对老果园进行改造，同时新进业主也开始对西山片区的荒山进行流转，开展规模化开垦，雇用农场的面积陡然上升。彭涛便是一位在看到政策福利后积极参与行动的业主，据他所述：

"我是城市户口，但我的母亲、妹妹和弟弟都属于这个村。原先我在新华机械厂工作，负责火箭配件的生产，机械厂被收购后，我就停薪外出打工，2003—2017 年在拉萨修房子，后来看到市场柑橘价格高，地方政策也吸引人，就回来种果树。当时这片山上种植的是巨桉和小规模柑橘，我就从 200 户农民那里流转了 500 亩土地，高峰时同时使用 8

台挖掘机在山上开荒。我当时投资了 600 多万元，从 2017 年春节开始，花了 3 个月时间完成了开荒。开荒工作量很大，这部分花了 100 多万元，包括租赁费、人工费等。当地老百姓原来种的巨桉或小规模柑橘树没有什么经济价值，土地租给我以后，他们还在我的果园里打工，每个月能赚到 2 000 多元。我们需要依靠政府的支持，紧跟项目走，下一步计划搞水肥一体化，这个县里都会给项目补贴，前期 500 亩要投入 800 多万元，没有政府的项目资金做不下来，那些小农户更不可能。"（20200609 - PHM）

可以看出，高标准果园改造计划中划定的 50 亩标准事实上已经将小农户排除在扶持范围之外，同时小农户也无力承担上百万元的投资成本，这种设置注定了柑橘产业的发展会进一步挤压小农户的生存空间。在改土过程中，虽然政府会对业主进行考核，同时也为符合标准的业主提供技术指导和扶持服务，然而，这种市场与政府的双重驱动，使得小农户的生计发展空间被进一步压缩。郭春荣是青竹县椪柑办的高级农艺师，据她回忆：

"2014 年青竹县为发展椪柑产业成立了椪柑办，我从土肥站抽调到这边来协助发展椪柑，2014—2016 年，政策主要是支持品种改良，但并未建立高标准果园，柑橘长势和品质仍然不理想。2017 年政府出台政策鼓励建设高标准果园，成片 50 亩以上每亩补助 1 500 元，而且深翻要求达到 80 厘米至 1 米，同时还要增加有机肥，整体改土投资每亩是 5 000 元。我们椪柑办工作人员进行过程监督，从选地开始检查土壤是否适合种植椪柑，是否为微酸性或中性土壤，只有符合这些条件，我们才会推荐进行改土。同时，由于那两年市场行情好，吸引了不少城市业主下乡种植椪柑，都是几百亩的大农场。他们也不懂技术，就需要我们去给他们指导，我们现场培训，教他们怎么挖土、施肥和栽种。"（20200608 - GZT）

2019 年,县政府又在青竹县椪柑现代产业园区内兴建运输轨道(小火车)、蓄水池,还购买了无人机等机械设备(见表 3-2)。

表 3-2 2019 年省级现代农业园区培育项目财政资金使用一览

支持环节	建设任务	省级财政资金			总体投资金额(万元)
		投入金额(万元)	补助标准	补助比例	
道路建设	新建园区道路 10 公里,打造最美园区道路。整合青竹县 2019 高标准农田建设项目,由青竹县 2019 高标准农田建设项目完成沥混以下部分建设内容	200	20 万元/公里	37%	540
水肥一体化智能灌溉能力提升	打造高水平水肥一体化智能灌溉基地 800 亩	120	0.15 万元/亩	50%	240
机械化能力提升建设	安装单轨(双轨)6 公里	180	30 万元/公里	100%	180
	购买智能植保无人机 5 台,履带式无人挖沟施肥车 10 台、秸秆粉碎打捆机 5 台、树枝粉碎机 5 台、小型山地旋耕机 10 台、高压泵喷雾打药机 6 台	112	植保无人机,8 万元/台;履带式无人挖沟施肥车,5 万元/台;秸秆粉碎打捆机,2.5 万元/台;树枝粉碎机,0.5 万元/台;小型山地旋耕机,0.4 万元/台;高压泵喷雾打药机,0.5 万元/台	100%	112
高标准果园示范基地建设	建设高标准果园 100 亩	30	0.3 万元/亩	43%	70
新品种引进和示范推广	在园区柑橘博览园建设新品种展示基地 100 亩,引进柑橘类新品种 40 种,购买新品种大树 3 000 株	108	360 元/株	49%	220

刘村作为县政府重点打造的"典型村",自然成为全县项目资源的集中

地。奇怪的是,家庭种植户对村上改造的技术设备不屑一顾。

> "山上水窖修好了,滴灌也安好了,但没起作用。里面也没有水,只有一个私人承包种柑橘的老板,自己把水抽进去了,我们也不敢用。村里的项目虽然很多,但真正能让农民从中受益的很少,最多就是路拓宽了,走着舒服、看起来也好看些。你看那个滴灌管子根本没有出水,管子都被人偷挖走了,大家都觉得是摆设,根本没什么用处,要是真有用,当然就没人去偷了。"(20200616 - ZXB)

在一些柑农看来,这些和柑橘种植相关的技术设备并没有给他们带来什么便利,真正受益的,反而是那些雇工经营的大老板。柑农的抱怨是否属实? 为了了解真实情况,笔者对村支书进行了二次访谈,以下是村支书的回答。

> "因为这个小火车项目本来就是为种植大户设计的,这些散户(小规模柑农)在管理上特别困难,小火车是机械性设备,需要定期维修。但散户不懂技术,如果要找合作社来管理,他们需要缴纳管理资金,这就是为什么小火车散户用不上的原因。现在县政府主要扶持大户,散户不好统一管理,使用费用也不好计算。至于滴灌系统,在我们园区中都是针对大户安装的,采用以奖代补的形式。政策规定,修建完成并通过政府验收后,才会补助给经营户。而安装滴灌系统需要先行垫付钱,包括安装人员的生活费、住宿费,最后都是由大业主请公司过来安装,所以需要大量的资金投入,散户普遍缺乏这样的资金和安装能力。"
> (20200620 - LXR)

经过话语的比对,可以看出一些农民对政策的公平性有所怀疑。当中央资金下拨到县政府后,县政府往往将项目资金通过"以奖代补"的形式直接或间接分拨给大户,通过大户将资金转化为技术资本,无论是小火车项目还是滴灌设备,最终的获利者并非家庭经营的小农户,而是经营雇用农场的雇主。这样一来,小农户难以从中受益,这也导致了农民的不满。

2) 技术知识区隔:新型农业经营主体培育

技术区隔不仅体现在物的区隔所呈现的体力劳动外,还包括主观技术意识所呈现的智力劳动。2017 年,青竹县开始重点打造新型农业经营主体,并对其进行培训和奖励补助。一是在椪柑连片发展 50 亩以上(含)(建立农产品质量追溯体系),且促农增收示范带动效益明显的家庭农(林)场中开展"青竹县家庭农(林)场示范户"评选活动,每年评选不超过 20 户,每户一次性补助 0.5 万元;二是对从事椪柑产业,新获省级及以上示范称号的农民专合组织,一次性补助 1 万元;三是对从事椪柑和竹产业,新获得省级、国家级农业产业化重点龙头企业称号的经营主体,分别一次性补助 5 万元和 40 万元。2018 年,青竹县进一步提出了高质量培育新型农业经营主体的战略目标,并作了具体的任务安排。首先,由县农工办牵头,培育 1 家省级农业产业龙头企业,建立"龙头企业+专合社+家庭农场(农户)"利益联结模式;其次,由县农牧局牵头,鼓励工商资本进农村,推动规模流转适度经营,计划到 2021 年,全县培育出 10 个柑橘产业社会化服务组织、200 个规模化新型经营主体,以及新型职业农民 2 000 人,使这些新型经营主体成为椪柑产业发展的主力军(已完成);最后,由县农牧局牵头,以标准果园业主、社会化服务组织和营销业主为主体,成立青竹晚熟柑橘产业联盟,以进一步加强产业整合与市场竞争力。

在上述支持项目的影响下,全县开展了新型农业经营主体的技术培训计划,然而,究竟谁获得了这些技术培训?谁成了示范主体?又是谁享受到了项目资助?为了回答这些问题,笔者对青竹县 2017—2020 年技术培训花名册和职业农民认定名单的内容进行了深入分析。

2018 年,青竹县组织了一次省外学习考察,重点学习柑橘前沿技术知识和管理方式,入选考察的 13 个柑橘经营主体来自全县 4 个乡镇,均是以雇工经营为基础的标准化农场,包括 7 家公司,4 个家庭农场和 2 个种植大户。2019 年 9 月,青竹县农业农村局联合眉山东坡联众职业学校,对从全县筛选出的 100 名柑橘经营主体进行了新型职业农民培训(见表 3 - 3)。在性别方面,参与培训的男性经营者有 62 人,女性经营者有 38 人;在学历方面,初中学历和高中学历占据了前两位,分别为 61 人和 22 人;在规模方面,经营 1～29 亩的农户有 36 人,30 亩以上的为 64 人;在类别方面,以雇工经营为代表的家庭农场、部分种养大户和农业企业占了 73%,而以家庭经营为代表的合作社骨干仅占 27%。同时我们也注意到,虽然家庭农场和种养大户名义上是家庭经营,实际上这些经营主体的规模早已超出了家庭劳动力所能够承受的范围。例如,家庭农场的最低规模为 30 亩,最高规模可达 290 亩;种养大户的种植规模甚至高达 540 亩。综上所述,相较于家庭经营主体,雇工经营主体能够享受到次数更多、级别更高的柑橘技术培训。

表 3-3　新型农民职业培训人员基本概况(2019 年 9 月)

学历	人数	规模	人数	类别	人数
初中	61	1～9 亩	15	种养大户	51
中专	9	10～29 亩	21	家庭农场	21
高中	22	30～49 亩	32	合作社骨干	27
大专	8	50 亩及以上	32	农业企业	1

如果说新型农民职业培训中尚有家庭经营主体的参与,那么在柑橘经营主体的示范点评选中,家庭经营主体则完全失去了评选资格。在青竹县 2018 年市级柑橘产业经营主体示范点名单中(见表 3-4),有 5 个家庭农场和两个公司性质的果园,经营面积均在 50 亩以上,每个经营单位都雇用了固定的工人帮助管理果园。

表 3-4　2018 年青竹县市级柑橘产业经营主体示范点名单

柑橘经营主体名称	经营范围	产业规模	成立日期
四发家庭农场	水果的种植和销售	柑橘连片种植 60 亩以上	2014 年 10 月
毅燕家庭农场	水果的种植、家禽养殖、销售	柑橘连片种植 100 亩以上,搞生猪养殖,水产养殖	2014 年 12 月
福新家庭农场	水果的种植和销售	柑橘连片种植 60 亩以上	2016 年 5 月
童家山家庭农场	柑橘种植及销售	柑橘连片种植 500 亩以上	2016 年 6 月

(续表)

柑橘经营主体名称	经营范围	产业规模	成立日期
梁老五家庭农场	水果的种植和销售	集中成片种植马克斗、沃柑、春见50亩,才投产	2014年11月
乐天派果园	柑橘生产销售	50亩	2015年9月
泥何山果园	柑橘生产、技术指导	600亩	1987年11月

　　被评为示范点的雇工经营主体不但能够获得免费的技术培训和外出参观学习的机会,还可以享受到项目资金扶持(见表3-5),这些以雇工经营为主体的家庭农场、种植大户和农业企业等,利用这些知识和资金,将其转化为生产力,继续扩大再生产,购置更先进的机械设备和获取更多的智力支持,从而在柑橘产业中进一步巩固和扩大自身的竞争优势。

表3-5　2019年青竹县项目统计(柑橘经营主体)

实施单位	实施内容	资金投入(万元)			备注
		总资金	财政补助	自筹	
瑞风家庭农场	修建133亩果园滴灌系统	17.29	15	2.29	农场
长山家庭农场	修建宽5米、长2000米的园区道路(土路);修建宽4米、长850米道路(土路);修建宽3米、长350米道路(土路);购进果树苗(180亩)	35.83	10	25.83	农场
名玉家庭农场	购买种植明日见、爱媛38、春见等新品种苗木2万株;培肥地力购买有机肥85吨	30.18	10	20.18	农场
毅祥家庭农场	新建宽4米、长200米毛坯路;硬化宽3米、长200米、厚0.2米水泥路;购买有机肥85吨	30.35	10	20.35	农场
刘换明	购买种植明日见树苗800株;修建管灌系统	33	10	23	规模户

（续表）

实施单位	实施内容	资金投入（万元）			备注
		总资金	财政补助	自筹	
李俊钦	栽种明日见、沃柑树苗各 2 000 株；大雅柑、金秋砂糖柑树苗各 1 000 株；修建管灌系统 80 亩；建蓄水池 250 立方米	32	10	22	规模户
刘艳花	药肥系统机房部分、田间管网部分 176 亩	30.02	10	20.02	规模户

3.2.2 雇工经营的类型划分与运作机制

下乡资本通过整合政府提供的项目资金和基础设施建设,购置机械设备以及开山、改土、换种等技术所需设备,从而实现柑橘种植的规模化,并将小农户吸纳进雇用农场之中,最终完成资本下乡从事产业化经营的目标。根据下乡资本的来源划分,目前青竹县柑橘产业雇工经营主要分为四类:直接投资兴办农场模式、乡村能人返乡创业模式、新型经营主体联合模式和村企合作跨界转型模式。

1）直接投资兴办农场模式

自 2013 年中央一号文件提及鼓励工商资本到农村投资农业以来,资本下乡已成为助推农村农业发展的重要趋势。学界对此现象的讨论也一直延续至今。同年,青竹县 20 号文件的发布,也预示着政府对柑橘产业的支持势必会吸引工商资本的到来。青竹县政府关于下乡资本的主流话语与支持工商资本下乡的学者观点相一致,他们认为下乡资本能够把资金、人才、技术等生产要素引入乡村,改变农业产业的生产要素结构,延伸产业链,进而改善农村的基础设施建设和公共服务水平(王海娟,2020)。在此话语体系下,2016 年起,越来越多的外部柑橘产业资本涌入青竹县,开始流转土地,开展规模化柑橘种植,这些外部资本大多是来自建筑、机械等行业的工业资本。

郭祥是浙江温州人,44 岁,平时居住在离罗坝乡半小时车程的乐山市,目前在乐山经营一家电器厂。郭祥来到四川后发现当地的柑橘非常美味,而温州的柑橘产量较少，于是，2016 年 10 月，他决定在宝塔村流转土地种植柑橘。郭祥并不懂柑橘种植技术，但他有一个朋友在乐山水果批发市场做生意，两人听说青竹县大力支持柑橘产业发展，便一同来到宝塔村和村上签订了土地流转合同。郭祥的农场面积达 360 亩，涉及宝塔村两个生产队的上百户农户，流转租金为 300 元/亩，30 年合同，租金一年一支付，每年上涨 10%。这些土地在流转前种植的是巨桉，巨桉被砍后土地便包给郭祥种植柑橘。郭祥农场中的柑橘苗是从中国最大的苗木培育中心购买的，每棵苗木的成本为 30 元/株，肥料和农药的平均成本分别为 18 元/株和 30 元/株。郭祥的农场是典型的资本下乡雇用农场，农场中每天有固定工人 10 个，主要负责喷洒农药、施肥、为柑橘套袋以及修枝。这些工人每天工作 8 小时，薪资为 80 元/天，均来自宝塔村，女性居多，且年龄大多在 50 岁以上。如果请专业修枝的技术工，需要 300～400 元/天的薪酬，最初郭祥和这些雇工不熟悉时工资都是日结，熟悉后改为月结，每月工人工资就要支付 2 万多元。郭祥平时会到农场监管工人的工作，也会在园子里搭把手，但大部分时间还是在乐山经营自己的电器厂，农场的日常管理主要由他的妻子负责。

> "这个果园我妻子 1 个人也可以监管过来，现在关键不是监督工人必须干得快，而是要仔细。特别是打农药，如果一棵病树被工人遗漏了，风一吹，红蜘蛛就可能从病树上飘到正常的树上，整个园子都白费了。现在人工成本这么高，必须要让他们做好。"（GRX－20200609）

郭祥的农场 2019 年还未达到丰产期，产出的柑橘主要销往浙江温州，得益于他在温州的广泛人脉，销售渠道能够得到保障，剩下的则卖给乐山的水果批发市场。郭祥的果园本来按照县政府文件制定的标准，能够申请高标准果园建设项目，但因为乡镇更换了领导班子，这件事情也就搁置了下来。后期通过眉山-温州商会和青竹县椪柑办主任的推荐，郭祥 2020 年终于开始申请高标准果园项目建设。此外，他正在果园进行滴灌系统的铺设，每亩政府补助 1 500 元。

"我是希望能够获得政府资金支持后建设高标准果园，这种果园肯定可以省人工成本。现在每棵树都需要人工施肥，而高标准果园和滴灌系统弄好后就可以减少人工投入，电脑控制就解决了，从长远看划得来。这几年投了 200 多万元，年年在亏损。"（20200609 - GRX）

该果园不但在眉山注册为公司，还在青竹县注册为家庭农场和合作社，目的就是希冀能够获得政府的补贴。在注册家庭农场时郭祥就拿到每亩 500 元的政府补贴。从郭祥的案例可以看出，这些从事雇佣经营的经营主体大多来自村庄外部，其目的是营利。可以看出，下乡资本不仅造成农业活动与生态资本相剥离，同时以非经济强制的方式剥夺了小农的利益空间，加速了"去小农化"和"去家庭化"的进程（叶敬忠，2013）。这种自上而下的农业转型动力呈现出三个特征：一是雇主来自非农领域，本身并不掌握农业种植技术，也不参与实际的种植环节，种植任务完全由雇工完成，因此对雇工有强依附性；二是作为外来资本，土地流转采用完全集体性流转方式，需要依靠村委或生产队队长作为"中间人"完成流转任务；三是与地方政府保持良好的关系是雇佣农场长久发展的立身之本，拥有地方政府的支持，可以降低与当地村民发生矛盾的风险，同时也能为柑橘种植的发展争取到项目资金支持。

2）乡村能人返乡创业模式

随着农业供给侧结构性改革的推进，以及乡村振兴的兴起，返乡青年成为刺激乡村创业活力和推动城乡一体化的重要力量（梁栋，2018）。青年农民返乡创业拥有多重路径，多个农户集合型创业和家庭经营的个体化创业是两种主流道路（梁栋、吴存玉，2019），前者通常以股份合作形式创办雇用农场，并促发农业产业的资本深化。自柑橘产业作为青竹县典型产业发展以来，乡镇政府为布局所属区域的柑橘产业园区，利用政策项目的制度吸引和熟人社会的关系劝导，引入了一批在外务工或从商的地方精英返乡从事柑橘的雇用经营。

李坤家位于黑皮镇李村 3 组，家里的土地被政府征用办工厂和修路，政府出资为其全家购买了失地农民社保。失去土地的李坤开始投身土石方工程生意,2015年,在当地政府招商引资的契机下,李坤认为规模化农业是未来发展的趋势,于是在李村接壤的宏村建立了果园。因为他本身是做工程出身,方便用挖掘机、装载机和货车将租来的荒山和原先的小规模果园开垦成高标准果园。为此,他花费成本86万元建成了乐派果园。乐派果园于2015年8月建园,当时第一期建设了320亩标准化密植果园。2018年,第二期完成了218亩柑橘苗的移栽,移栽后的果园每亩种植55株柑橘,前两期的土地都位于宏村2~3组,2年后第三期计划将规模扩大到1000亩。李坤的果园除了种植柑橘外,还进行育苗销售,第一次育苗销售到广安市4000株,第二次销售到青竹县本地3000多株,100多亩柑橘苗已经销空。2015年新建园子的成本约为每亩1.8万元,现在每亩的成本不会超过1万元。2015年的土地租金为每亩600斤黄谷。果园目前主要种植春见和不知火等晚熟柑橘品种。

李坤的果园要想获得政府补助,需要先用自有资本进行标准化果园改造,然后由政府进行验收,验收合格后就可以享受帮扶政策。其享受的政策包括荒山开垦的坡改梯和新植苗木补助,2015年的补助政策是每亩地补贴1200元,现在新成立的标准化果园每亩地补助1500元。

乐派果园有14个劳工,都是本地人,工价为每天80元,工作8个小时。在劳动力不足的情况下,果园也会临时雇用外地劳工,尤其是疏果和摘果两个阶段的用工时长高达50天,多的时候一天可达到110人,少的时候也需要80人,临时劳工的工资为100元/天。李坤还在做土石方工程项目,因此招募了管理人员对果园内的劳动进行日常管理。李坤的果园一期分为2个队,二期分为1个队,每个队配备一位管理人员。李坤每天会与管理人员联系,了解当天果园的情况,并安排第二天的工作任务。管理人员主要承担考勤和监工的职能,他们负责将具体工作分配给工人去执行。他们都有能力将劳工安排在一起,并在当地有一定的威望。

李坤表示现在柑橘市场风险很大,自己也很担心果园未来的发展前景:

"第一点,黑皮镇目前有3000亩果园,我之前关注过网上的报道,一个品种全国种植超过150万亩就会引发产量过剩,优质果直径大小在

80～100 mm之间，每亩地最少能产5 000斤优质果，150万亩的总产量可想而知。据我了解，春见品种仅四川省内就已经有300万亩，发展速度太快，而且集中在2—3个月内上市，市场饱和度肯定很高。第二点，小农户不计土地租金和人工成本，有市场就卖，没市场就自己吃，但是我们的果园如果不维护，红蜘蛛几个月就能把果园吃完，假如柑橘树染上炭疽病，之前的全部投入都将打水漂。"（20200612 - YT）

从李坤经营的雇用农场案例中可以看出，返乡雇工经营通过土地流转发展规模化柑橘种植，采用雇用本地雇工作为固定劳动力。此外，返乡农场主虽然出生于本村，具有乡土社会中的血缘和地缘关系，但囿于长年在外务工，返乡时年龄也偏大，相当部分的村民与其关系较为疏远。因此，大部分乡村能人经营模式和下乡资本经营方式相似，与雇工之间仍然呈现出和外来资本一样严格的层级关系。

3）新型经营主体联合模式

随着国家对新型农业经营主体的支持，主体之间的联合也成为资本下乡后兴起的一种经营方式。2019年，在地方政府的推动下，Z公司构建了"公司＋合作社＋园区＋农户"的合作链条。

Z公司成立于2009年，由一位在马来西亚经营了20多年水果进口生意的马来西亚人创立。后来在朋友的介绍下负责人前来中国开展水果出口生意，因为中国的水果品种比东南亚国家更为丰富。尽管国内市场竞争激烈，但东南亚的水果市场相对比较稳定，于是他决定将中国水果出口到东南亚。2014年，在青竹县招商引资的背景下，Z公司获得了绿色通道和优惠政策的扶持，负责人因此将公司从丹棱县迁移到青竹县，专心做水果出口业务。除了出口到东南亚，Z公司的柑橘还广泛出口至中东、俄罗斯和加拿大等地。2019年，Z公司的出口销售额为400万美元，通过第三方平台的销售额也达到了300万美元。同年，Z公司在刘村流转土地建立了60亩的厂房，该厂房位于青竹县现代椪柑产业园区内，包括可以容纳1.3万吨柑橘的冷链物流和加工厂，未来将会吸纳更多的当地人就业，并统一销售周边农户种植的柑橘。根据农业局总农艺师介绍，这种模式具有诸多优势。

"青竹县现代椪柑园区管委办主要负责园区内 29 平方公里的柑橘产业发展，目标就是实现现代化、机械化和智能化的发展。壮大 Z 公司在园区内的影响力就是我们的工作之一。为推动这一目标，我们投资 1 亿元兴建了冷链物流园区，涵盖了柑橘的初选、包装和深加工等功能。Z 公司进驻后主要发挥其外贸出口功能。他们将采摘的柑橘存储在冷库中，既能够错峰销售，又可以降低柑橘的运输成本，减少中间商的差价。农户可以直接以订单形式将柑橘卖给 Z 公司。Z 公司在对外包装和宣传上很厉害，他们注册了许多产品品牌，能够直接对接到销售终端，比如盒马鲜生、百果园等大型连锁超市。"（20200608 - GZL）

Z 公司在前期主要与当地上百亩的大果园合作，自 2019 年入驻刘村后，在村委的要求下，与该村合作社构建了利益联结模式。刘村目前构想了两套合作方案，第一种是土地入股。小农户将自己的土地入股到合作社，合作社每年向农户支付保底租金 1000 元/亩，管理以 5 年期计算，前 5 年提供保底收入，预计 5 年后开始进入丰产期，此时按照"541"模式进行分配。即农户每亩的产值，假设 1 亩地产 3000 斤柑橘，当年市场价为 5 元/斤，共计 15000 元，农户将获得其中 50％的收益，即 7500 元。合作社将获得 40％的收益，即 6000 元；村集体获得 10％的收益，1500 元。第二种方案是土地和果树持有人共同入股，"541"模式不变，但合作社不再承担保底租金，在这一模式下，合作社仍然获取 40％的收益，但同时承担技术、销售、农资和社会化服务。农民可以被返聘到社会化服务队工作，每天耕种 8 小时，获得 100 元的工资。为了确保方案的可行性，合作社对每株树的农药、化肥、人工成本进行了详细计算，并在 100 亩土地上开展了试点。在合作社和柑农达成共识后，合作社和 Z 公司签订了销售"721"协议，具体内容包括：Z 公司成立一个专业小组，由专家、村社干部、公司人员和农户组成，工作是参与评估并签订协议。例如合作社内的某个农户有 10 亩土地，经过专业小组评估后认为建成果园每年可以产出 5 万斤，如果双方对产量和价格达成一致，则签订协议。假设爱媛 38 在明年中等市场价为 3 元/斤，这 5 万斤的柑橘的总收入为 15 万元。

Z 公司会直接将钱先支付给合作社，再由合作社分配给农户，但农户产出的柑橘必须全部交由 Z 公司销售，且所有农资和技术都必须按照 Z 公司的要求执行。假设农户的产量超过 5 万斤，例如多出 1 万斤，那么 1 万斤的利润按照"721 模式"进行分配：70％给农户，20％归公司，10％给村集体。换言之，Z 公司和刘村的合作社签订了订单协议，形成了"Z 公司＋椪柑产业园区＋刘村合作社＋刘村农户"的利益链条。

4）村企合作跨界转型模式

刘村是青竹县现代椪柑产业园区的核心村，也是县政府重点打造的示范村。刘村以柑橘和蔬菜种植为核心，形成了独具特色的产业结构，种植主体既有当地小农户，也有规模化的下乡资本。近年来，在县政府项目的支持下，刘村计划打造以柑橘产业为基础的特色旅游。为此，镇政府引进了成都 H 旅游开发公司，流转土地种植柑橘并建立乡村民宿，旨在将第一产业和第三产业结合，打造工商资本下乡的村企合作跨界转型模式。

在运作方式上，村委一方面帮助 H 公司与村民沟通，以推动土地流转。经过多轮协商，共计流转 X 村 2 组土地 134.69 亩、3 组土地 228.48 亩、6 组土地 91.535 亩以及 8 组土地 80 亩。根据签订的承包合同，承包期限从 2018 年 10 月 1 日到 2028 年 9 月 30 日。土地租金前 5 年为 850 斤稻谷，后 5 年为 900 斤稻谷，稻谷按照国家核定公布的中等价折算成人民币。合同规定，如果租金拖欠超过 6 个月，农户有权终止协议，并要求赔偿土地复垦费等损失。同时，H 公司有权处理承包区域内现存的地上物及其他植被。在承包期内，H 公司所建设和种植之地上物所有权归 H 公司；期满后，如 H 公司不继续承包，交还给村民小组后所有建设和绿化树归村民小组所有。在承包流转期内，H 公司须按合同规定按时足额缴纳承包金给村民小组，并向村委缴纳合同面积每亩 100 元的履约保证金和每亩每年 50 元的管理费。

另一方面，村委为发展村集体经济，将空置的宅基地出租给 H 公司建立民宿，租金用于壮大村集体经济。据刘村的村支书介绍：

"县政府鼓励我们壮大村集体经济，拨款 70 万元作为项目资金，资金使用必须确保安全并保证收益。我们盘活了 9 户五保户的 810 平方米宅基地,其中一户五保户的宅基地和其侄子的住房建在一起,经村里协调,其侄子和五保户自愿放弃了宅基地指标。这9户房子中有的已经垮塌了,我们将垮塌的房屋进行退耕,然后将房屋和土地置换,连片开发。村里会安排五保户免费入住有专人护理的敬老院。这些五保户分批次入住敬老院,短的已入住2年,长的已有8年。村里每年还会给他们一定的租金补助,等以后这些五保户过世,宅基地将交还给村集体。现在,我们把五保户的房屋以20元/平方米的租金价格收归村集体,再以25元/平方米的价格租给H公司,其中5元差价归入村集体经济,租金每5年递增10%。同时,我们将县政府的项目资金入股H公司,占股10%。也就是说,假如H公司注资2000万元,其中10%的资产收益将纳入村集体所有。因此,我们需要努力帮助H公司赚钱,因为公司赚到钱,村集体才能获益。"(20200521-LRX)

除了增加村集体经济收入外,村委最关注的是H公司能够为刘村的村民提供大量就业机会。主抓农业的副镇长提及:

"H公司进驻后,县政府为刘村配套了一些基础设施项目,比如增加了步道、观光游览车等配套设施。更重要的是,H公司的到来能够带动就业。它肯定需要日常管理人员,这就需要大量的雇工,比如保洁员、服务员、果园管理人员等。我们和H公司已经计划,未来这些服务将由我们村妇女主任所开办的公司提供,周主任向公司输送服务人员,公司则负责发放工资,预计可以带动2000多人就业。这样,流转出土地的村民既能获得土地租金,又可以在H公司务工。"(20180327-LP)

当H公司进村后,村委和公司合作的目标就是实现利益最大化,但公司也要支持村集体的发展。公司如果不能支持村集体的发展,也很难落地。但刘支书也表示,谁是最大股东,谁就拥有决定权和话语权。毕竟,公司的投入较大,村委会尽可能为公司提供便利,比如协调村民和公司之间的关系、组织村民参与公司发展等。

3.3　雇工经营遭遇的社会困境及其根源

在政府项目扶持下培育出的规模化雇工经营过程并非一帆风顺,除了来自柑橘产业本身的市场风险外,经营者在熟人社会的村庄中也会面临诸多社会困境。本节以前文所提及的直接投资兴办农场的案例——郭祥的果园为例。郭祥是资本下乡的典型代表,在高标准果园建设等项目中,政府为他提供了诸多信息和资金支持,也经常为其果园提供技术指导,使他后来成为罗坝乡最大的柑橘种植主体。但在果园的运营过程中,很多经营问题也困扰着郭祥,他不得不采取一些措施来应对作为"外来人"在当地所面临的社会困境。

3.3.1　雇工经营遭遇的社会困境

1) 土地纠纷

2016 年,郭祥以 300 元/亩的价格承包了 360 亩土地,承包期为 60 年,并约定每五年租金上涨 10%。土地集中连片是雇工经营的典型特征,但由于青竹县农户土地面积小而散,在流转成片土地过程中难免出现农户拒绝出租土地的情况,从而引发雇主和农户之间的矛盾,造成土地"插花"。郭祥在流转土地时也遇到了同样的问题,他把这些不愿意将土地流转给他的村民称为"刁民"。起初,郭祥在朋友的介绍下认识了宝村的村支书,宝村多山少地,因大量年轻人外出务工,许多山地都在撂荒,郭祥流转土地种植柑橘不但可以盘活宝村的土地,也可以带动村民务工,村支书对此十分支持,立即答应并主动帮助郭祥流转土地。但在流转过程中,因为有一户村民与村委曾经有过矛盾,导致成片土地中有 3 亩地"插花"。村支书愤慨地说道:

> "他就是个老顽固,总是和村里对着干,比如村里计划流转土地建立高标准果园,把土地流转给大业主,但他宁愿让地荒着都不愿意流转给村集体,一大片土地就中间 3 亩地没有被流转,虽然地上种着柑橘树,但他们家平时也没人管理。因为这不是土地征用,我们又不能强行流

转他的土地，这种人太自私了，以后在村里肯定'吃不开'。"（WZL -
20200608）

此外，土地确权后，一些农户的土地面积比流转前有所扩大，有些农户在将土地流转后又反过来占用郭祥的土地种植粮食，从而引发新的矛盾和冲突。

> "我遇到过两户不讲理的。其中一户真把我折腾惨了。当初在流转土地时，这户是答应把土地租给我的，还在土地流转账册上签了字，领了租金。可两年后，土地确权时，他家的确权面积比原先多出了1分，从4亩变成了4亩1分。结果他居然从我的果园里挖走了那一分地种芋头。我不能给他多一分地的租金，因为一旦这个口子开了，7个队的其他人也都会要求额外的租金，矛盾更加激化。我只好上报到村委和乡政府，结果他也跟着去政府闹。法官也给他解释过，一旦土地出租并签字确认，就不能要回了，否则是违法行为。可他还是继续挖地，你不能打他，打了是违法的，而且这个人都60多岁了。最后，政府和我说不能让他种，于是我们就把他的芋头给挖了。他拿着锄头反抗，我们只好报警。当时他先是和我们吵架，然后碰瓷说自己脑壳昏。派出所所长对他说，我这有执法记录仪，你的态度和行为我们都记录下来了，你讹诈不到我们，这样他才作罢。结果当天晚上，他又跑到我丈母娘家里，说我们打他。我真是被他弄得天天生活不安稳。"（GTL - 20200608）

2）偷懒与排挤外地雇工

雇工在劳动时，往往会找到一个自己认为舒适的平衡点，而不会像工厂工人那样有序地完成指派任务，甚至有些雇工不服从雇主管理，为"偷懒"找各种借口。当雇工的"偷懒"行为对郭祥的经营计划造成了负面影响时，他就选择放弃本地雇工，转而高价雇用外地工人，但这一行为遭到了宝村本地村民的强烈反抗，引发了郭祥与雇工间的矛盾。最后，郭祥不得不妥协，继续雇用本地村民在果园工作。这一困境主要归咎于乡土社会的生活生产传统与企业化管理机制之间的不相容性。

> "本地人不服从管理,这些雇工经常不听指挥,认为自己技术好,按照自己的思维去做。例如,打药拖拖拉拉,磨一天算一天;下肥料时,有时会少下半斤或多下一斤;疏果时,我让他们大胆疏,他们却只疏一半,导致我还要再请人进行第二次、第三次补疏。后来我没和村支书沟通,决定不雇用他们转而从外地雇人,外地雇工虽然工资高,但是效率高且技术好。结果村里人就到村委会闹起来了,说我不雇用他们了。后来村支书又找我协调,希望我尽量用本地人。最后我迫于压力,毕竟在人家的土地上种柑橘,不得不再次雇用本地人,并耐心地向他们讲解技术,指挥他们工作。这些雇工就觉得老板是外地人,普遍抱有"欺负"我的心理,认为能占一点便宜是一点。"(GTL－20200608)

3)"偷"柑橘现象

2018 年 1 月底,正值柑橘丰收季节,郭祥发现他的果园经常被偷,白天,村里的孩子偷果子,晚上,当地的老人和妇女也参与其中。短短 1 周时间,果园被偷走了 100 多斤柑橘。对此,郭祥向村里反映情况。村支书解释说,外来业主被"偷盗"柑橘很普遍,之前来村里承包土地种萝卜和生姜的业主也经常被"偷",但即便知道是谁偷的也不能当面说穿,村里人都好面子,说穿后他就很难在当地生活,这就激化了矛盾,也会影响业主,在后期难以获得本地人在柑橘种植中的支持。为了缓解这一现象,村支书召开村民大会,将"偷盗"柑橘的现象公告给村民,并劝导村民不要再做违法的事情。村支书在访谈中表示:

> "以前村民随便摘个柑橘解渴并不算什么大事,现在柑橘品质高了,被偷果子的情况也越来越严重,很多人摘几个到几十个后就开溜,甚至连枝叶一起乱扯,弄坏枝条,损害覆膜。但偷果子根本避免不了,每个园子多少都被偷过,大多数都是晚上偷的,也无法确切知道是谁,现在还有不少人偷,背走 100～200 斤柑橘的情况是很常见的事情。郭

祥来反映情况，但他当时也没有证据，而且争论时间越长，越不利于事情的缓和。"(WZL‐20200608)

雇用农场的农产品被"偷盗"的现象不仅发生在柑橘产业中。徐宗阳(2016)在玉米产业调研中也发现了类似的情况，在村民的眼中，这种行为并不是"偷"，而是"拿"。他们只"偷"外来雇主农场中的产品，而从来不"偷"本地雇主或家庭经营户的农产品。从学理角度来看，作者将其归结于"边界"冲突，即村民们认为流转出的土地仍然属于村庄，外来资本要遵循当地的"规矩"。

3.3.2　差序关系：社会困境产生的缘由

中国本质上是一个关系社会，这种关系并不体现为"国家‐社会"的对立，在经济组织和政府行动中同样渗透着"社会"元素。可以说，关系形态构成了中国社会基本的行为方式(周飞舟，2018)。受农业商品化的影响，基于关系型差序格局的资本经营和政治联系得到了发展(蒋神州，2017)，使资本活跃在农业产业链的各个阶段，推动了农业产业转型。费孝通将中国乡土外在的显结构视为以自我为中心的差序格局，而差序关系则是非正式的潜结构。黄国光将其进一步划分为情感性关系、混合性关系和工具型关系，三种关系相互交错，形成了中国人复杂的人际关系网(吴鹏森，1995)。其中，情感性关系处于差序关系中的"强关系"，而工具型关系则处于"弱关系"(见图3‐6)。当跨村本地资本、下乡资本和返乡资本嵌入乡土社会后，由于缺乏血缘性和地缘性，被置于差序关系的外延，因此，村民与资本的关系更多呈现工具型关系，而非情感性关系。这种弱关系正是雇主与本地村民发生冲突的根源，村民始终将雇主视为"外来人"，因此雇主遭遇的土地纠纷、排挤外地雇工以及偷窃柑橘等现象，都是本地人"排外"的表现。换句话说，村民都是遵循自我中心主义来建构差序网络关系，并根据差序关系圈层的强弱采取获得他人资源的行动。因此，产业资本和本地村民之间的矛盾多于合作也就得到了合理解释，因为他们隶属弱关系的圈层。

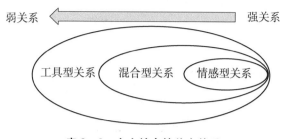

表 3-6 乡土社会的差序关系

3.4 关系控制与制度约束：雇工经营克服困境的消解之道

下乡资本为了克服上述困境，习惯于通过关系控制和制度约束来实现雇用经营的持续性，这里的关系既表现出权力关系也表现出人情关系，但"温情"一面的背后无法掩盖雇工成为劳动力商品化的镜像。为了有效解决上述困境，郭祥采取了以下具体实践。

1) 雇用村组长作为果园的管理者

郭祥并不掌握柑橘的种植技术和农业管理方式。郭祥和他的妻子大部分时间都在县城运营电器厂，偶尔才会前往果园进行勘探。因此，郭祥很少与果园中的雇员和地方农民接触。为了能够管理好果园，郭祥决定聘请在当地有一定影响力的人作为果园的管理者，这些管理者通常是果园所在区域内的村民小组组长。

"我很少去果园，大多数时间都在县城管理电器厂。来投资果园就是看到政府支持柑橘产业力度比较大，而且这两年柑橘市场行情也很好，再加上电器厂赚的钱，也有资本投入柑橘种植。但我们自己不懂柑橘种植技术，就决定聘请村小组组长帮忙。他们不但有种植柑橘的经验，在当地也有话语权，村民比较听他们的话。我们给村小组组长开的工资比较高，私下关系也不错，所以他们都帮着我们说好话，而且这些果园里的员工都是些老人，也不会像年轻人那样闹事。比如我雇的 5 组组长自己家以前也种柑橘，懂得农业管理，我就直接将管理工作交给

他。这样我就在城里安心赚钱,最后出钱就可以了,唯一让我费心的就是去找销售渠道。"(GTL-20200608)

笔者在和郭祥交谈后的第二天又独自前往他所经营的果园,看到许多雇工在组长的管理下施肥,其中一位年长的雇工一边施肥一边说道:

"组长凶的很,你看今天下这么大的雨,还叫我们过来施肥,老板说了下雨施肥,肥料渗透进土壤的速度快,可我们这都是70多岁的老人了也被叫来干活,其实不下雨的时候多浇水效果也一样。老板一般都不来果园的,都是组长在管,他脾气不好,只会听老板的话,不怎么替我们着想,他拿的工资比我们高多了。你看看我的胳膊,平时都被太阳晒脱皮了。"(LZM-20200609)

可见,村组长成为雇主的代理人,原本在村庄社会中的权威地位已经转化为雇工农场中的权力地位。这一转变显示了村庄社会结构特有的社会关系出现了变化。

2)劳动的时间安排与生产环节拆分

合理的劳动时间安排有助于生产效率的提升,雇主会秉持不浪费时间的原则,根据雇工的家庭生活规律去安排"活劳动"的务工时间(任宇东、王毅杰,2020)。郭祥照搬电器厂的组织模式来管理果园,无形中制订了一套标准的劳动时间,雇员平均每天工作8小时,春季、秋季和冬季的工作时间都是从上午8点到下午6点,中间休息两个小时。夏季由于天气炎热,中午休息的时间被延长,通常的工作时间为早上6点到10点,下午4点到8点。其余时间,雇工一般料理家务或照料自家果园。

"我们平时都是按规定时间上班的,每天都要签到,迟到了就要扣工资,之前有个人天天迟到,最后就被辞退了。我们每个月需要工作满27天,只有达到这个天数,日工资才是90元,如果少于27天,每天的工资就是80元了。特殊情况也可以请假,但必须是真实情况,是真是假村

组长心里都有数，但是请假超过 3 天就会按照不满勤处理了。"(LZM -
20200609)

与家庭经营不同，雇工经营更像是工厂中的流水线，柑橘的生产环节被
雇主细化和拆分。柑橘种植原本是嫁接、施肥、浇水、打药、除草、疏果等一
系列整体性行为，每个阶段都需要悉心照料。但在雇主的农场中，雇工的工
作安排需要听从技术员或管理员的指令，自身完全不清楚下一步的工序是
什么，上午可能被安排打药，下午可能就被安排清理修剪下的树枝。

"我们怎么干都要听老板安排，不能按照自己在家种柑橘的想法
弄。不符合要求要被骂的。我主要负责施肥和打药，至于疏果和修枝，
老板有时候会找其他人过来弄，他觉得我干得不好，其实我家的树都是
我自己弄的，也弄得挺好。今天上午施肥后，下午去把昨天砍掉的枝条
打包装车。"(LZM - 20200609)

整体的柑橘生产过程被工厂化的经营方式拆分成多个环节，每个环节
都需要雇用农民开展生产。这种强制性的劳动分工一定程度上使得农民丧
失了生产生活的自主性(潘璐、周雪，2016)。

3) 劳动过程的监督与规训

现代社会是被规训理性统治的社会，每个人都在固定的时间和空间内
完成固定的工作(孙琳，2020)。为了避免土地纠纷和雇工偷懒行为，郭祥采
取了人为监督和设备监督两种方式。一方面，如前文所述，郭祥会雇用村组
长作为柑橘农场的管理人，通常情况下他把任务安排下达给村组长，由他作
为代理人负责安排和管理雇员。村组长作为本地人，既能够帮助雇主召集
本地雇工，又能与雇员沟通，有一定的管理优势。当然，管理员与郭祥之间
形成了紧密的私人关系，管理员的工资相较于雇工的工资平均每月高出
1000 元左右。由此可见，郭祥对雇员实质进行了差序分工，与他关系较近的
雇员被安排担任技术员或管理员，而关系较远的则被安排为普通劳工。

"农场的土地涉及3个村7个队，如果其中有个农民不愿意流转土地给我，但是队长和这个农民比较熟，我就先和队长沟通，请他帮我去劝导农民把土地流转给我。其中有个李队长四十多岁，也是当地养猪的农户，在村里颇有威望。我们都是和队长建立起朋友关系来化解这些矛盾。另外，队长当管理员的好处在于他和村民熟悉，能帮我召集人手，如果个别农民有偷懒的情况我不好直接说，哪怕有直接证据都会引发矛盾，但是队长就可以去说，帮我解决很多问题。"(GTL-20200608)

另一方面，郭祥在果园里安装了摄像头，通过手机就可以对果园进行远程监控。当他发现雇员有偷懒行为时，会及时和管理员沟通，对雇员进行警告。同时，摄像监控也可以防止偷盗行为，郭祥一般允许雇员在农场中采摘柑橘自己吃，但如果将柑橘带出果园便视为偷盗，将会通过视频证据对该行为进行制止与惩罚。在这个熟人社会中，通常碍于面子，为了避免更大的冲突，雇主一般会对第一次偷盗行为进行私下警告，对屡次不改的雇员则直接开除，而对多次偷盗的村民则会借用法律手段予以制裁。

3.5 小结

本章分析了下乡资本进入生产环节的过程，即农业生产组织从以农户为主导的家庭经营发展到以资本为主导的雇工经营，在揭示两者不同特征的基础上，诠释了产生这一变迁背后的社会机理。

首先，家庭经营的形成和发育是嵌入村庄社会结构中的一种组织方式。一方面，中国自古以来就存在人多地少的现实矛盾，这就决定了农民人均土地面积较少。同时，青竹县的分田到户依据树木数量和田地等级进行划分，这决定了柑橘种植中的土地分散，而家庭经营的灵活性恰好能够应对土地小而散的特征。另一方面，家庭经营的生产目标、劳动力组合和成本核算并不能完全用经济学中的经济理性和要素分配来解释，其根本是受到家庭文化影响下的家庭决策，家庭经营中的非正式土地流转也与熟人社会中的差序关系和道义逻辑紧密相关。可见，社会嵌入在家庭经营的形成和发展中起到决定性作用。

　　其次，在资本推动家庭经营向雇工经营转型中政府发挥了重要作用，这一转型过程主要是通过项目治农的方式来实现的。中央政府将大量农业专项项目"发包"给地方政府，地方政府在村庄中寻找合适的人选完成项目任务。显然，项目制成为推动青竹县柑橘产业发展的重要力量，地方政府往往将项目资金扶持倾斜向具有雄厚实力的规模化经营主体，这就为雇工经营的出现提供了制度环境。显然，以项目为基础的柑橘产业链条已将基层社会紧密联系在一起。

　　最后，当下乡资本嵌入乡土时，必然和村庄社会结构形成张力，雇主不可避免地遭遇土地纠纷、偷懒和偷盗等社会风险。雇主为了实现资本积累，通过关系控制和制度约束来缓解作为"外来人"的困境。一方面他们与村组长建立私人关系，雇用其作为管理人员；另一方面，他们对雇工的劳动过程，以及农场环境进行监督，以此来约束雇工和当地村民的一些"越轨"行为。

　　总体而言，下乡资本推动了农业生产组织的转型，实现了柑橘种植的规模化和产业化发展。这种脱嵌于乡土社会的经营模式潜藏着对家庭经营组织形式的挤压。

第 4 章
资本向上游延伸:农资供应方式的路径转向

在自然肥力相同的各块土地上,同样的自然肥力能被利用到什么程度,农业化学的发展是重要因素之一(马克思,1975:733-734)。伴随资本不断输入,农产品生产逐渐从面向家庭的自给自足转向面向市场的商品化生产,这一变迁过程促使农业经营主体对农药、化肥和种子的需求量不断上升,农家肥、土农药和留种囿于工序烦琐、耗时耗力等原因,逐渐被以化肥、化学农药和转基因种子为代表的市场化农资所占取,形成了一整套专业化和标准化的种植模式。席卷全球的绿色革命更是将农业化工投入物视为解决人类饥饿问题的最佳方案,由此催生出的农业化工资本,以挪威雅苒、德国巴斯夫和美国孟山都等为代表的跨国农资企业,均设计出了全球化的分销网络,其触角遍及全球多个产业,青竹县柑橘产业也被卷入其中。

农药和化肥的使用成本逐年攀升,无论是下乡资本还是小农户都在努力寻找降低农资成本的方法。资本在渗透进生产环节后,开始向上游延展,试图以合作的方式来降低雇工经营的农资成本。然而,小农户往往难以购买到低于市场零售价格的农资产品,最终在销售价格和销售量方面都处于劣势,逐渐放弃柑橘种植。本章将呈现中国农资市场的历史变迁、传统小农户获取农资的方式,以及资本向上游延展的路径。

4.1 背景:农资市场化与独家代理层级制的形成

国家统计数据显示,中国化肥销售量从 1952 年的 37 万吨上涨至 1985 年的 6 266 万吨(见图 4-1),之后,化肥的施用量以折纯量计算,从 1985 年的 1 775.80 万吨增加到 2019 年的 5 403.59 万吨(见图 4 - 2),农药销售量也从 1952 年的 1 万吨上涨至 2018 年的 150.36 万吨(见图 4 - 3)(中国供销合作社大事记,1988;国家统计局官网)。在如此庞大的农资需求下,中国县级以上的农资经销商数量高达 1 万多家,而乡镇一级的农资零售商总量约有10 万～12 万家(叶毅,2019)。从集体化时期计划性的农资生产与分配,到计划外由市场调节价格,再到农资市场经营权逐渐全面开放,这些都是新中国成立后经历的不同历史阶段。这些变化反映了国家最高决策层根据中国农业的政治经济背景所赋予农资市场的角色定位与历史期待。农资市场从国家主导转向市场主导,大致经历了以下几个阶段。

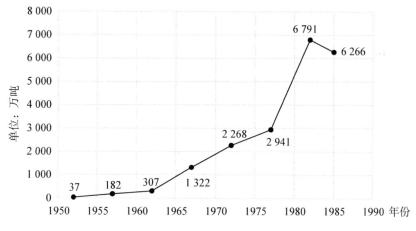

图 4 - 1 化学肥料销售量(标准量):1952—1985 年

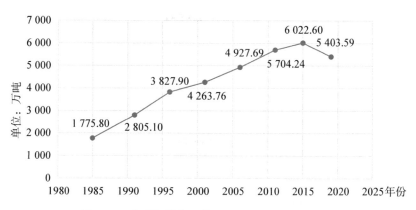

图 4 - 2 化学肥料施用量(折纯量):1985—2019 年

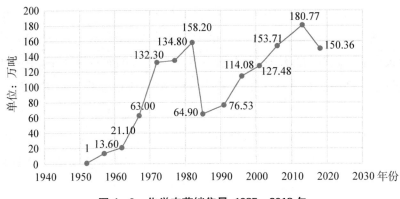

图 4-3　化学农药销售量：1985—2018 年

4.1.1　1949—1985 年：国家主导下的生产与流通

在集体化时期，国家一直关注农业生产资料的供应工作，最大限度满足广大农民的生产需求，为我国农业发展提供支持。从 1952 年起，农业生产资料的供应工作由供销合作经营社来承接，组织货源、搞好调拨、扩大销售成为供应工作的基本做法。20 世纪 60 年代以后，化肥、农药等农资的供应量明显增加，但仍未能完全满足国内农业的生产发展需求，国家不得不从国外进口占销售总量 10%～20% 的农资来弥补缺口（见图 4-4、图 4-5）。1978年后，改革开放和商品流通体制的全面改革，结束了农资"只对集体，不对个

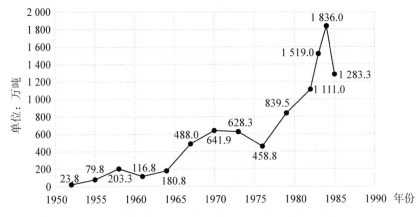

图 4-4　供销合作社化学肥料外贸进口量：1952—1985 年

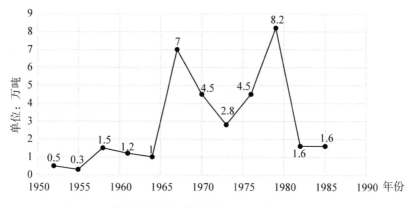

图 4-5　供销合作社化学农药外贸进口量：1952—1985 年

人"的要求，并逐步从"封闭式、分配管理向开放式、经营服务转化"，进而顺应了农村产业结构调整和商品经济发展的潮流。

在这一时期，农资收购、销售和定价具有明显的阶段性特点，彰显了国家主导下农资生产与流通的特殊性。第一，从生产到调拨由国家统一计划，农资生产和流通不以营利为目的，而是按照农业生产的需要进行生产和协商分配。据青竹县一位农资店老板介绍，他 17 岁时就开始在国有农资公司上班，当时县城只有一个地方采购农资产品，供销社下设的农资公司负责全县农业生产资料的统一采购，"当时农资的供应是计划性的，价格由国家制定，比如尿素分配，你县里需要多少，厂里才能去调多少，然后根据每户的土地面积来分配，当时化肥数量紧缺，主要用在水稻、小麦和油菜上，农户不会给柑橘树撒化肥，所以柑橘产量不高，柑橘都自己吃没有对外销售的"。（20200612-LDA）

第二，国家通过行政力量向农民推广农资产品，引导农民购置生产资料。以化肥为例，囿于国内植物肥料的产量有限，豆饼等肥料供不应求，为此，国家将推广化肥施用作为一项重要政策来贯彻，旨在打破农民对化肥使用的保守思想。在行政力量的推动下，农民对化肥的接受度明显提高，供销合作社所供应的商品性肥料已满足不了农民日益增长的生产使用需求。

第三，农资价格与粮食价格挂钩，定价机制呈现出明显的行政化色彩，实施低价政策。在化肥方面，国产化肥出厂价以正常经营的中等成本加上应纳税金和合理利润进行定价（杨德寿，1988：391-392）。从1953年起，化肥的零售价变为全国统一标准，随着原材料成本的降低和商业渠道的完善，我国化肥的零售价经历了多次下调。此外，农药也同样稳定在低价位。

4.1.2　1986—1997年：价格"双轨制"与打开农资经营缺口

从新中国成立到1985年，中国农资生产、定价和销售一直受到国家的严格管控。随着改革快速疾行，价格体系改革逐渐成为经济体制改革中的重要议题。农资作为基础工业品，计划价格长期不变，进而导致价格与价值严重分离，背离了供求基本规律（华生等，2020）。为了调整供需脱节的价格体系，1985年中央发布一号文件《关于进一步活跃农村经济的十项政策》。这标志着价格"双轨制"改革方案被正式采纳（缪德刚，2018）。这一方案一方面坚持计划内产品依然由国家计划性定价出售，另一方面则放开了一些生产资料的价格，以此来刺激企业的经营活力。但在这一时期，国内农资市场依然供小于求，除了中国农业生产资料公司和各级供销合作社，其他单位和个人均不允许对农资开展私营活动。同时，国家为了稳定粮食合同订购制度，1986年10月颁布《国务院关于完善粮食合同定购制度的通知》，提出中央专项安排一些化肥、柴油与粮食合同定购挂钩，每百斤贸易粮拨付优质标准化肥六斤、柴油三斤（上调中央的合同定购粮食，每百斤贸易粮仍拨给优质标准化肥十斤）（陈义媛，2018）。在粮食和农资相对短缺的20世纪80年代，集体化时期的国家干预政策依旧在农资供应中被延续下来。

1989年，农资经营在基层逐渐放开，虽然国家仍然规定各级供销社是农资产品的主要供给主体，但县级以下的植保站、土肥站和农技推广站被允许在有偿提供技术服务的基础上，批发和零售农资产品。这一政策为后期价格双轨制的淡化奠定了基础，标志着农资经营权的全面开放。

4.1.3　1998年以后：市场化定价机制与农资经营权的开放

价格双轨制有利于建立和发展生产资料市场，缓解生产资料短缺状况，但不难发现，由于同一种生产资料存在计划价格和市场价格，势必会造成价格体系的内部冲突,产生企业的不良竞争和倒买倒卖的现象,加剧了社会分配不公,影响了社会持续稳定(李凤瑞、万国庆,1993)。为尊重价值规律,从20世纪90年代中期开始,价格体系逐渐由"价格双轨"走向"双轨合一",减少了政府对市场的干预,市场机制开始回归(陈首哲,2009)。与此同时,国家放开了农资经营权,农业化工资本开始在全国范围内驻点。例如,1998年国家取消了化肥的计划性收购和定价,将之交由市场供求决定,农资企业允许自行生产和销售化肥,种子和农药的经营权在随后几年也逐渐放开,资本开始进入农资市场,开展营利性商业活动。此外,受到政府机构改革和农业市场化的影响,基层的"三站"、农资国营公司和基层供销社不得不精简职工,部分具有农资技术的职工在下岗后以个体工商户的形式进入农资市场,并融入农经销体系中。据青竹县从事柑橘农资经营的老李回忆:

"我17岁就在农资公司工作了,当时农资是凭票购买,后来取消了该制度,但是经营也没有放开,还是农资公司在负责销售,乡镇就是供销社在卖。市场经济逐渐发展后农资私营就慢慢放开了,这对我的工作冲击很大。私人经营的服务比我们公司更好,比如私人经营会送货上门。零售商稍微有点利润就会去卖,而农资公司需要给公司员工发固定工资,因此成本就高一些,售价也高一些。况且公司都从大厂进货,但个体经营就会去小厂进货,销售价格自然比大公司有优势。后来,国营公司在8年内几乎处于半瘫痪状态。1992年之前,公司还有大约60名员工,之后大多数人下岗了,只剩下20人左右。我从公司退出后和朋友承包了农资公司的一间门市,挂着国营公司的牌子,自己采购农资,然后每年向公司缴纳一些利润。干了不到半年,公司又把我调回去工作。但到了2000年,国营农资公司彻底垮了。后来,我独立卖农资,主要的供货对象是眉山和成都。现在,我和罗老师合伙经营,罗老师是果树专业中专毕业的,我负责柑橘农资销售,他负责推广柑橘种植技术并推销我们农资店的产品。"(20200612-LDA)

老李的工作历程展现了农资市场从国家计划性指令逐步走向市场化配

置的过程,原有的农资生产经营单位的体制机制开始发生转变,私人资本进入农业产业体系,并逐渐取代了国有农资公司和供销社,价格机制也开始由市场而非国家主导。随着中国农资市场融入全球化体系,大批跨国农资公司涌入中国,农资价格受到农资原材料价格的影响,失去了集体化时代行政力量对进口农资价格的缓冲后,农资价格的变动最终会传导给农业经营主体(陈义媛,2018)。此外,随着私人资本经营农资的群体越来越大,农药和化肥的种类也日益丰富。就青竹县而言,目前全县有 200 多家农资店,每个乡镇也有 10 多家零售店。

4.1.4　独家层级代理制与成本叠加

随着农资市场化的推进,农资厂商纷纷创立新品牌涌入市场,进而形成稳定的农资独家层级代理制,这意味着同一品牌的农资在固定范围内仅有一个独家代理商。这些代理商的层级和农资企业规模密切相关,跨国企业通常设有中国区代理商,国内大型企业一般按照省级代理、市级代理、县级代理和乡镇零售店的层级进行分布,而小型企业最多到市级代理。换句话说,一个区域内的多家农资代理商和零售店所销售的农资品牌均不相同,从而排除了同一品牌的价格竞争,这就是所谓的排斥性价格。在此制度下,柑农只能选择农资品牌,但无法在同一品牌下比价购买,只能被动接受固定品牌的价格浮动(陈义媛,2018)。

"农资市场有一级批发商、二级批发商,甚至有三级批发商,成本自然抬高。一级是全国代理,二级是省级,三级是市(县)级,而我则是零售商。我的上级通常是市级代理商,有时候我也会直接从省级代理处拿货,但省级代理往往无法拿到最低价,因为购置农资数量相对较少。现在市场管控严,我只能从眉山进货,很难再从成都拿货。柑橘大户通常无法直接与厂商对接,他们对接的多是小厂,而我们购买量大,所以都是从大厂进货。我们拿的货是进口农资,这个品牌的农资有中国区总代理,下面省级代理商,再到市级代理商。小厂通常没有全国代理商,最高只到市级代理。"(20200612 - LDA)

中国的农资市场已经相当稳定和成熟,层级代理制在业内已经达成共识(见图 4-6)。透过老李的话语,可以得出如下结论:一是层级代理制强化了品牌间的竞争,代理商需要投入大量的营销成本,确保自己代理的农资品牌在市场中占据优势,这使得农资流通链上的代理商必然逐级抬高农资成本,而最终这些成本将转嫁到生产者身上,加之柑橘销售本身就深受市场风险的影响,柑橘生产者在农资市场和销售市场中遭受了双重挤压;二是为确保"排斥性"价格不受冲击,防止"窜货"行为的发生,农资公司习惯于采取某种技术手段对市场进行监控。所谓"窜货",是指经销商在非代理区域内以低于厂家指导价进行销售,从而降低了某农资品牌在当地的售价(陈义媛,2018),并扰乱了农资市场秩序。为此,厂商在与代理商签订合同时通常要求对方缴纳违约金,或建立产品可追溯体系,通过在包装上设置编码来检测产品来源。总体而言,农资市场的层级代理制规范了农资企业和经销商的经营方式,但也一定程度上加重了柑农的负担。

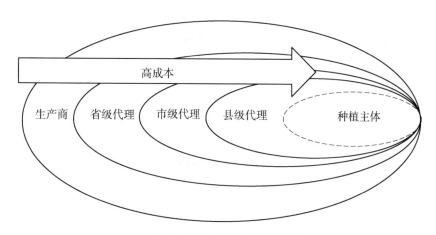

图 4-6 农资市场的层级代理制

4.2 乡土社会的软约束:经销商向小农户供应农资的行动逻辑

如果按照经济学中的"经济理性"假设,经销商单纯从市场主义逻辑去将农资推销给农民并赚取利润,很难实现有效的经济实践。农资市场中的经销商和零售商也会因利润不足而退出市场，反过来又影响农业生产和社会发展（谢小芹、简小鹰，2015）。根据波兰尼在《大转型：我们时代的政治与经济起源》中的阐释，市场嵌入社会，经销商若想触及柑橘产业，就需要融入乡土社会，在这种情况下，经济交易不再是孤立的商业行为，而是嵌入村庄社会结构的综合性行为。农资市场买卖双方通过交易行为而维持稳定的互动模式。中国尚处于农业转型的变革期，但乡土社会依然保持着礼俗秩序和传统规则的韧性和持续性。"互不亏欠""礼尚往来""面子文化"等传统力量为资本渗透地方产业设置了无形屏障，这势必要求经销商在嵌入地方社会前斟酌乡土社会的特殊性。因此，即便在经济交易中遇到赖账或坏账，经销商也要尽力维系与村民之间的关系，避免激烈的正面冲突。这种做法彰显出乡土社会的软约束性，同时也形塑了经销商嵌入柑橘产业的行为逻辑，使他们在实践中遵循乡土社会的基本秩序。

李超自 2000 年起便在青竹县从事农资经销生意，在县城经营着一家店铺。近年来，他主要销售和柑橘种植相关的农业肥料和叶面肥。他经常下村去推销农资产品，据他介绍，销售农资和其他产品有所不同，除了在店面进行直接的钱货交易外，下村推销农资产品还需要采用一些特殊的营销手段，才能获得农民的信任，从而促成购买行为。

1）拉近关系

中国农村社区是一个以血缘和地缘为基础的乡土社会，资本进入乡土的难点在于农村社会结构主要由人际关系构成，外来者很难组织农民达成一致行动去购买农资。因此，需要借助乡土关系网络中的关键人物才能实现这一目标。李超在销售农资前，通常会选择村上有威望的人作为关键人物，例如村长、组长或乡贤。借用关键人士在乡土关系网络中的地位，李超能够将柑农组织在一起，以方便经销商或零售商进行农资营销。因此，农资经销商都习惯于先和村上有威望的人建立起私人关系，然后通过请柑农吃饭等方式拉近彼此的距离，增强信任感。

"（农资）市场竞争越来越激烈，逐渐演变出一些特别的销售方式，有先知先觉的人，就想到去村里把农户组织起来，刚开始并不是请农民吃饭，只是喊过来开会，比如我认识这个地方有组织能力的人，我会让他帮我把这些农民组织在一起，并给他一些回报，比如送一包肥料或者给他便宜一点作为回报。如果产品质量好，村干部也会出于一种为百姓服务的目的，愿意帮助大家拿到优惠的农资，自然也是一件好事。接下来，我们会在村里开个农资推广会，只要有人开始买，其他人就会模仿跟着买，推广会结束后，我还会请大家一起吃午饭，这也是进一步拉近和农民之间的关系。农民的情感是比较淳朴的，就好像说'吃人家嘴短，拿人家手软'。饭和酒里面都夹杂着感情，吃了人家的饭，再送两包肥料，农民不买东西心理上感觉过不去。"（20200608 - LZJ）

乡土社会重视"礼尚往来"，而请客吃饭在青竹县农民的日常交流中尤为常见。农户之间经常通过请客吃饭来"摆龙门阵"，即通过餐桌上的交流来拉近或维系彼此的私人关系。李超正是利用这一点，通过在村里或县城请农民吃饭来获取他们对自己的信任。

2）免费的试用与技术培训

农民是理性的，他们更加相信眼见为实的事情，因此，经销商还必须实际展示自己产品的质量，让农民看到产品的真实效果。为此，经销商通常会提供免费试用的农药和化肥，同时进行技术指导，以展示产品的效果。

"我们还需要给农民进行技术培训，借村委把大家组织起来后，我们会给农民讲解种植柑橘的田间管理技术，并展示自家农资产品的优势。此外，还会给大家对比市面上同类产品的价格，展示自家产品的价格优势。"（20200608 - LZJ）

"我们给农民培训后，就会把货展示给他们，我们从不逼农民去买，而是教他们技术。比如，农民的果树生病了，他们会拿着病树的叶子给我看，我就会配药给他们。但第一次都是免费给他们用，农民看到效果不错，自然就会买了。毕竟我免费给他们用了，这种诚意还是有的。村里人都很看重情谊。而有些经销商就不一样,去村里推销就想着赚钱,赚完钱就跑了,不懂规矩,有的甚至还会销售假药给农民。"(20200608 - LZJ)

从李超的销售策略可以看出,免费试用和技术培训已经成为农资经销商推销产品的潜规则。请地方乡贤和柑农吃饭,提供技术培训等方式,虽然增加了营销成本,但却建立起经销商与地方社会的紧密联系,有助于经销商长期与柑农保持信任和买卖关系,形成稳定的客户群体。

3) 赊账

笔者对青竹县 56 户缺少资金的柑农进行了问卷调查。数据显示(见图 4 - 7),超过半数(31 人)的柑农选择赊销作为解决资金短缺的主要途径。即便是资金充裕的农户也倾向于选择赊账,"我们买农药化肥都赊账,年底卖了果子再去结账,如果果子赔了就打工赚钱还人家,很少有不赊账的,但是赊账购买价格高一点,不赊账购买价格低一点"。(20200629 - ZJT)这说明赊账已成为农资经销商和柑农合作关系中的共识,农资销售商和柑农在多轮互动中形成了紧密的关系网络。

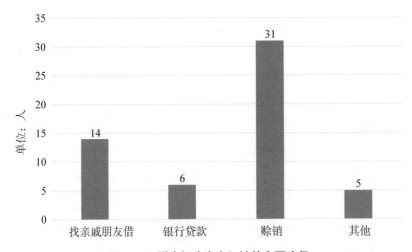

图 4-7 柑农解决资金短缺的主要途径

值得注意的是,经销商在处理账务时通常会经历"记账—催账—清账或坏账"一系列赊账过程。在这一过程中,他们可能会面临坏账的风险,正如李超所言:"遇到赖皮的柑农,几年都休想收回钱来。"那么李超为什么仍然允许赊账呢?

一是从经济理性来看,李超有足够的利润,并对未来的利润充满期待。也就是说,在拥有较大利润空间的状况下,经销商愿意承担风险,通过赊账行为来争取市场份额(龚建明,2017)。

二是赊账行为在农业社会中从古至今一直存在,俨然成为布迪厄笔下的"惯习",当市场规则面对乡土社会场域时,"一手交钱一手交货"的方式往往难以让柑农接受。此时,经销商如李超便不会单纯追求利润最大化,而将"次优利益",比如把面子和关系作为赊账行为的价值标准(谢小芹、简小鹰,2015),以维护与柑农之间的关系。

> 问:你们可以赊账吗? 我第一次去那买东西,李超会赊给我吗?
>
> 柑农:肯定不会赊给你。关系搞熟悉了,了解你后才会赊给你,必须是信得过的人。
>
> 问:假如我跟你比较熟,我也种柑橘,通过你的关系到李超那赊账,可不可以?
>
> 柑农:也可以。比方说你去买农药想赊账,店里不给赊,你和李超说你是我的朋友,老板就会给我打电话,确认确实有这层关系在,那么我就可以为你担保。如果你要赖跑了不还钱,老板就会来找我要。不过一般不存在不还钱的,借用关系都会给赊账,然后果子卖了,有了钱就会还账。(20200621 - FQL)

事实上,像李超这样的经销商在赚取柑农利润的同时,也必须适应乡土社会的关系结构;而柑农为达成与资本的赊销行为,也需要拥有直接或间接的人际关系存量,才能使合约缔结。人际关系存量的属性是多元的(刘世定,2011),在信息、道德、规范和影响力等方面呈现出赊销过程中柑农与经销商之间的相互了解,双方的责任感和认同感,这些因素共同构成了交易心理。总体而言,资本与柑农之间的赊销行为源于以借条为形式的成文合约和嵌入社会关系的非正式合约，其中人际关系的作用尤为突出。

4.3　经营主体合作购置农资

虽然经销商与小农户之间已经建立了良好的农资交易关系，但日渐攀升的农资成本仍然让柑橘种植者不堪重负，无论是小农，还是下乡资本，都迫切希望跨过经销商，以降低农业生产成本。在这种背景下，合作组织便成为实现农业生产降低农资成本的可行路径。

恩格斯认为，欧洲的小农将不可避免地走向灭亡，并最终成为失去土地的无产阶级。为了克服小农技术落后、规模狭小和难以承担自然风险的弊端，就需要采用非暴力的方式对其进行改造，通过合作组织的示范和帮助，将小农大规模组织起来，只有这样才能挽救他们的房屋和土地（恩格斯，1965）。列宁的合作思想同样受到空想社会主义者的启发，《论合作制》成为列宁合作理论的结晶。书中谈到，若想实现俄国社会主义的社会化大生产，就必须改造个体农民，而合作组织恰恰是农民可以接受的方式，它可以适宜地将国家利益和个人利益进行有机衔接（谢双明，2010）。与马克思、恩格斯不同的是，列宁首先是将流通领域作为合作发展的切口，恢复其商业性质，进而将合作社引入生产领域，以实现对小农的吸纳，从而使苏维埃政府拥有政治和经济的双重权力（赵巧凤，2017）。综合来看，马克思、恩格斯和列宁都秉持需要通过合作组织改造个体农民，同时将国家力量和农民自愿作为合作组织成立的原则。

笔者在田野调查中发现了第三种合作形式，经营主体为了降低农资成本，开始向生产环节的上游延伸，形成了联盟式的合作形式。这种形式利用关系网络解决了农资经销商从中间赚取利润的机会。这一成功模式也改变了原有的小农户利用经销商获取农资的方式。本节以 S 柑橘产业联盟为例，探究资本延展至上游的路径与合作方式。

4.3.1　柑橘产业联盟的成立动机与组织架构

随着农资市场化定价和市场经营权的开放，农资经销商逐渐活跃于农业产业的多个领域。在农资市场层级代理体制下，下乡资本通过流转土地、搭建关系网络和村庄内部动员等方式来实现柑橘的规模化和产业化发展。降低农资购买成本是 S 柑橘产业联盟成立的主要动机，这一理念也深深嵌入联盟发展规划和社员的认知之中。

> "农资市场竞争大，采购成本较高，怎样降低农资成本是我们都非常关心的问题。以前种地农资投入少，现在柑橘价格上涨后，大家重视柑橘的品质，都希望能卖个好价钱，所以对农药和肥料投资就多了些。农资市场需求量扩大了，（农资）生产厂家也多了。市场竞争越来越激烈，推广费用也随之上升，厂商就需要通过提高价格来保住毛利润，虽然农资的毛利润能达到 30%，但这些利润大多被中间的经销商抽走了，我们就是想把中间商的毛利润给打掉，以此来降低农资价格。"（20200627－LZJ）

柑橘经营主体感慨农资采购成本逐年上升，并且对化肥的品质识别存在困难。因此，他们不断寻求能够降低农资购买价格的方法，这一点和联盟成立的目标不谋而合。正如一位经营 500 亩果园的老板所说的：

> "买化肥还是没有经验，这里买一点，那里买一点。我 500 亩种植面积应该不小，但是对农资厂商来说，购买的农资数量还是少，所以即使直接去和厂商谈判他们也不会给我低价，还是要从经销商那里以高价购买。刚才说了，500 亩果园对于生产厂家来说规模不大，但对于经销商而言我就是大客户，所以各种经销商都向我推销化肥，我自己本来就不种地，各种产品都把我搞晕了。每个店老板都说自己的质量好，价格合适，但我真不知道哪个好。如果有联盟帮我统一订购，价格低且品质有保证，我就很乐意加入，这样就不用自己费时间去选农资了。"（20200609－PHM）

为了降低农资成本，罗军以理事长的身份成立了 S 柑橘产业联盟。该联盟设立了成员大会、成员代表大会、理事会和监事会，又分设生产部、销售部、财务部、人力资源部等四个部门。其中，生产部下设农资供应、技术服务、生产服务三个子部门。联盟还建立了成员大会制度、成员管理制度和生产管理制度等内控制度，明确并细化了各部门及其工作人员的职责（见图4-8）。

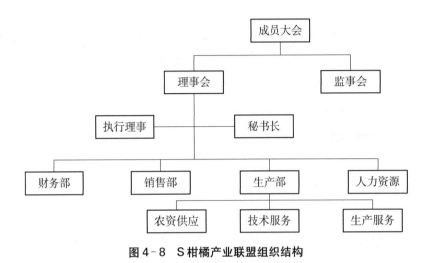

图4-8 S柑橘产业联盟组织结构

为了能够统一农资采购，S柑橘产业联盟都从厂家直接购买柑橘所需的化肥和农药，然后以零差价销售给种植户，联盟则从厂商那里获取产品销售的"返点"作为经营利润。为了避免扰乱现有的层级代理制体系，冲击现有市场秩序，理事长同样向厂商承诺，在以出厂价拿到农资后，绝不允许社员再以低于市场价的方式分销给其他种植户，一经发现将取消其会员资格。

4.3.2 S柑橘产业联盟成立的社会基础

2020年8—10月的短短三个月内，S柑橘产业联盟统购农资总额达159.2万元，节约农资费用48.36万元。其中，农药支出22.54万元、肥料支出20.13万元、果袋支出5.69万元。S柑橘联盟成员均无一例外从联盟购买柑橘所需的化肥和农药。

S柑橘产业联盟成功的关键在于理事长罗军在青竹县具有良好的社会

基础。罗军 40 岁出头，早年在日本打工，后来返回青竹县，拉了投资商和当地两位乡村精英共同在 G 镇入股建了 1 000 多亩的果园。之后又和好友李超一起做农资生意，二人分工明确，各司其职。罗军擅长栽培技术，负责下乡进行免费技术指导和推广农资，而李超 17 岁时便在国营农资公司工作，对农资产品颇为了解，负责在青竹县城的门店做农资销售，经营利润平均分配。罗军早年就希望效仿日本农协的做法，即由农协统一购买农资，再以高于购买价 5％ 的价格销售给协会成员，从而有效降低农资的流通成本。但青竹县土地流转面积较小，规模化的柑橘种植户数量少，罗军一人之力难以聚集农户。近年来，随着青竹县"退巨桉、种柑橘"热潮的兴起，土地流转面积与柑橘种植面积同步上升，农民和下乡资本积极投入大量本地种植柑橘，这为 S 柑橘产业联盟的成立提供了良好的发展环境和社会基础。在果园初见成效后，罗军就计划将柑橘产业向上游延伸，聚合全县的规模化经营主体，以实现低价农资的统一。为此，罗军充分发挥了自身的个人能力和社会关系网络。

> "根据县政府和农业农村局制订的未来产业发展规划，联盟的项目符合大趋势，我的果园已经做好了，得到县里的关注，许多项目资源也集中在这里。如果我们再把柑橘产业联盟做好了，就可以从县里获得项目支持，例如解决资金短缺的问题，政府可以扶持我们。"（20200613 - LZJ）

可以看出，S 柑橘产业联盟的发展面临资金短缺的瓶颈问题，县政府为规避风险，往往会将资源投放到已初具规模和前景的项目中。因此，联盟以先试先行的方式试图让自己的果园成为青竹县的标杆，以此吸引地方政府对果园的关注，在各项评比中获得优势，从而持续获取柑橘产业发展的项目资金。当然，县政府也希望通过打造典型的现代农业经营模式，彰显青竹县的产业特色，提高当地的知名度，扩大农民的经济来源。

2020 年 3 月，罗军的好友蔡勇担任青竹县椪柑办主任，此前，蔡勇曾担任县农技员，多年来深入农村与柑农打交道，为农民指导种植技术，充分获得了农民的信任。为此，蔡勇利用自身的关系网络和威望，承诺帮助罗军动员农民加入柑橘产业联盟。罗军说：

> "蔡勇担任农业局椪柑办主任，熟悉柑橘种植所需的农资产品。他是一位非常负责的领导，希望能够在任职期间做出一点政绩，为青竹县种植柑橘的经营主体谋取一些福利，促进整个青竹县柑橘产业的发展，提高四川柑橘的知名度。他是我这几十年交的所有朋友中最踏实的人。自他担任这个职位以来，负责了县里柑橘产业发展的许多项目，包括滴灌系统、绿色防控和改土试验等。不管他去哪个园子考察，都会受到老百姓的热情接待，主要是蔡勇这么多年深入农村的经历使他和农民之间建立了紧密的关系，在县里只要种植柑橘的农户，几乎都知道蔡勇。如果我自己去说服农民加入联盟，别人可能会认为我单纯是个卖肥料的。但是我和他一起去，别人会看他的面子，就比较信任我，我就能把柑橘产业联盟的优势和目标告诉农户，而且这些农户也能够听进去。同时，我推动这个联盟的工作也是县政府希望的，农业农村局徐局长也希望我能够把这个事情做起来，他觉得这个事情对青竹县柑橘产业的发展非常有利。"（20200627－LZJ）

正因为罗军和蔡勇之间深厚的情感关系，以及蔡勇深受农民信任，罗军才有自信谋划成立 S 柑橘产业联盟。自从蔡勇 1989 年当上青竹县农技站站长，一干就是三十多年，一年 365 天中几乎有 360 天下村考察，他清晰地认识到做基层工作就必须深入田间地头，只有这样才能和柑农建立紧密联系。于是，蔡勇便经常带着罗军一起下村和农民交流，了解农民在农资购置中遇到的实际困难，以及他们对成立柑橘产业联盟的看法和参与意愿。蔡勇说：

> "去年县里要做工作制度改革，要求上班按时间打卡，规定的上班时间是上午 9 点到中午 12 点，下午 2 点到晚上 5 点，这种要求让我必须坐办公室里。但这个联盟马上就要成立了，我和罗军每天都在村里

调研，调查了 1 个月，如果我不下村向百姓做工作，怎么会有这么多大户愿意加入柑橘产业联盟？我每周最多只有 2 天时间在办公室写材料，所以这个打卡制度没有考虑到每个人的实际情况。"（20200608 - CYS）

值得注意的是，蔡勇在工作中为柑橘大户提供了大量的技术指导和政策信息，他重点关注柑橘种植大户的原因主要有：一是在他看来大户的思想更加先进，学识和眼界更为广阔，他在与种植大户的交流中共同语言较多，所传授的先进的种柑技术也更容易被他们接纳；二是在农业规模化和地方政府"树典型"的影响下，从事规模化种植的柑橘大户更符合县域柑橘产业的政策规划，他们更能完成政府发包的项目目标。只有规模化的柑橘种植主体才有机会享受到政策的资金补贴，从而扩大柑橘的连片种植面积，并引进新技术和新品种。老郭是浙江温州人，目前在乐山经营电器厂，4 年前，他在青竹县宝村流转了 400 亩土地种柑橘。老郭作为外来不懂柑橘种植技术的投资代表之一，在种植过程中遭遇了很多困难，但都得益于蔡勇的帮助才坚持到了现在。

"我在城里经营电器厂，看到这几年柑橘销售得很好，就觉得是个可以投资的项目。但是自己不懂柑橘种植，面临很多困难，比如找谁流转土地，怎么学习种植技术等。当时，眉山的温州商会能够联系眉山政府帮我解决问题，但过程比较麻烦，我对政府的情况也不太了解，很多政策支持项目我都不清楚。最后，蔡主任知道我投资种植柑橘，就帮助我申报高标准果园建设。他还经常来我果园给管理人员和雇工做技术指导，比如怎么打药、施肥等，都讲得非常细致。如果我的果园柑橘苗长得不好，他比我们还着急，就想办法到处咨询懂技术的人来帮我解决问题。我现在也加入了这个联盟，农药和肥料都从那里采购，这样我们成本更低，也安心一些。"（20200609 - GRP）

在蔡勇和罗军决定成立 S 柑橘产业联盟伊始，两人就一同下乡调研，借助蔡勇的地方声望，加上罗军的柑橘种植技术，他们很快融入了柑橘产业的关系链中，并和各经营主体建立了良好的互动。这些经营主体也纷纷表示有意愿加入 S 柑橘产业联盟，并经常邀请罗军给他们做技术指导。

2020 年 6 月 13 日，S 柑橘产业联盟正式成立，成立大会在 Z 街道会议大厅举行，吸引了 50 多户种植规模在 50 亩以上的经营主体，为了强调柑橘产业联盟的重要性，蔡勇邀请了青竹县农业农村局副局长和总农艺师参加并发表讲话，促进了产业联盟在县域层面的成功落地。农艺师在会上表示：

"2019 年 12 月份，我从黑龙镇政府调回县农业农村局，当时就听到蔡主任介绍这个柑橘产业联盟。在我看来，这个联盟就是搭伙降低农资成本，实现统一销售，我们定的方向就是全县 50 亩以上的种植大户加入联盟，形成合力。经过 2 年多的筹备，我们终于成立了这个联盟，当然我们对产业联盟的业务有明确要求：一是产业联盟需要科学管理；二是要有绿色生产意识，尽力保证柑橘种植的高品质；三是提高产品品质一定能够致富，县农业农村局会提供种植技术指导。根据县政府和农业农村局对于本县柑橘产业发展的要求，如果产业联盟能够做大做强，县政府就可以用涉农或产业发展项目给予项目资金支持，解决各位业主的资金短缺问题。昨天在县里的会议上，我们提到了产业联盟，高碑店的党委书记非常欢迎把柑橘卖到高碑店去，那里有一个很大的农产品交易中心，主要负责北京、天津和河北的农产品供应。我带他们参观了我们县的椪柑产业发展环线，他看过后表示很满意，所以我承诺下半年柑橘销售问题在政府的支持下产业联盟能够解决。"（CDL-20200613）

在成立大会上，蔡勇为证明产业联盟供应的农资品质有保障，邀请了国内外知名的 7 家农资厂商参与其中（见表 4-1）。李超也凭借多年的农资经销经验，为罗军成立产业联盟提供了智力支持。

表 4-1　S 柑橘产业联盟对接的农资厂家基本情况

农资厂商	成立时间	主营业务	2019 年经营业绩
广东天禾	2013 年	化肥、农药、种子种苗、农业设备	89 亿元
挪威雅苒	1905 年	叶面肥	900 亿＋挪威克朗
德国巴斯夫	1885 年	杀菌剂、除草剂	644.57 亿欧元（2017 年）
德国拜耳	1863 年	农药、种子、数字化技术	50 亿欧元
美国美胜	2004 年	肥料、农药	\
山西凯盛	1998 年	微生物农药	\
山西瑞波特	2003 年	土壤修复	\
武汉盛大	2005 年	有机肥	\

产业联盟成立不久后，罗军表达了对未来发展的隐忧。一方面，他担心柑橘大户对产业联盟不够信任，笔者也观察到在成立大会上有部分经营户中途离场；另一方面，他担忧联盟的成立抢占了青竹县的农资市场，现有的农资经销商会对联盟产生抵触情绪，易引发社会冲突。

"产业联盟成立面临的首要挑战就是柑橘大户的信任问题，还是有部分大户不相信我们，我们和大家对接好农药和肥料，有些人怀疑我们在中间牟利，这个联盟能否顺利运行关键在于信任问题，统一思想才会带来统一行动。第二个担心就是青竹县每个乡镇至少有 10 家农资零售店，这些店面是他们的生计来源。产业联盟的成立可能会让这些商家失去生意，但是回过头来想，青竹 10 万多亩的土地被包给几百人种柑橘，这几百人肩负着巨大的责任。为了发展柑橘产业，也是考虑到这么多人的利益的情况下，牺牲一些经销商的利益也是无奈之举。"（20200627－LEJ）

2020 年 8 月，加入 S 柑橘产业联盟的成员已达到 100 多户。为增强联盟成员的技术水平，罗军每个月会在青竹县农业农村局举办一次柑橘技术培训讲座,并不定期下村为会员提供免费技术指导。同年11月,罗军还被邀请参加在青竹县举办的"农民合作社质量提升与多元化发展学术论坛",并在会上做了主题报告。这些努力逐渐获得地方政府和众多柑橘经营户的认可,联盟内部也实现了柑橘农资购置的统一。目前,联盟内部所有种植户的柑橘总种植面积高达48700余亩,其中规模在50亩以上的种植户有136户,还有家庭农场35个。联盟的柑橘种类丰富,主要包括春见、爱媛38、无核沃柑、明日见、甘平等系列优质晚熟杂柑和老品牌椪柑。联盟还建有1个新品种示范园,示范品种达40个。在硬件设施方面,联盟配备了农产品质量安全检测室4个和冷藏库4个,总容量为1300吨,另建冷藏库5个,容量为1800吨。同时水肥一体化覆盖面积达6000亩,施药系统覆盖4000亩。在社会化服务队伍中,联盟拥有培训讲师20人,修剪技术人员50人,施药技术人员70人以及普通技术工人402人。

关系嵌入在人类社会生活和经济交往中普遍存在,拥有较多财富或较高社会地位的人往往能够利用自己的影响力向强关系的需求者提供保护。随着社会边界的延展,社会关系已发展成为复杂的社会安排,这种秩序模式成为一种文化特质,构造出权力关系、资源流动、交换形式以及它们的合法化(陈尧,2007)。在这个背景下,罗军的社会网显现出明显的关系嵌入和政治嵌入,这种特殊的资源禀赋使其社会地位在政府的制度安排中所产生的效能突显出来(赵晓峰、付少平,2015)。罗军正是利用社会关系获得了成立S柑橘产业联盟的社会基础,并成功实现了联盟降低购置农药和化肥成本的目的。

4.4 龙头企业打破小农户的农资获取渠道

中国农业治理表现为强干预特征,在配置农业资源、制定农业规划和完善营商环境方面政府都具有主导作用,是推动农业转型的重要力量,这既是一种理论范式,也是广泛发生的社会事实(梁栋,2020)。为实现"农业现代化""粮食增产""培育新型农业经营主体"等政策目标,农业管理部门越来越倾向于扶持下乡资本,以推动农业规模化发展。

在S柑橘产业联盟顺利建成之后，由于农资成本的降低，大户在价格竞争上更加优于小农户。因此，在销售阶段，小农户的竞争力显得更加不足。

> "我们从经销商那里购买的农资价格比联盟成员贵多了，而且农药和化肥的质量也难以保证，年底销售柑橘的时候，他们的价格可以卖得比我们低，我们根本没有竞争优势，我们如果和他们卖一样的价格，就得赔本，所以我们只能尽量保证柑橘的品质比他们好。如果有老板愿意包我的土地，价格合适的话，我就流转给他了，自己留几棵树，产出的柑橘给亲戚朋友吃就行了，我不是不想继续种，但实在是被逼的没办法了，再加上自己年纪也大了，干不了几年了。"（20200703-LQ）

小农户种植柑橘的规模较小，这与县政府打造规模化和产业化的目标相悖。但青竹县相关部门也意识到小农户对于青竹县柑橘产业发展的重要性。为了有效促进小农户与现代农业的有机衔接，使小农户也能享受到低价的农资购置机会，实现小农户柑橘种植在农资采购、生产技术和销售渠道上的统一，县政府决定引进C公司，促进订单农业发展。C公司是国内知名的水果企业，集生产、加工和销售于一体。2019年，县政府将原先刘村两个组的土地流转给C公司种植柑橘。县政府与C公司签订协议，要求C公司必须收购现代椪柑产业园区内所有小农户的柑橘。这种方式保障了小农户的家庭经营模式，但其经营标准必须符合C公司的要求，C公司的一项规定便是小农户种植柑橘所需要的农药和化肥必须从C公司购买，品种和技术由公司提供，如果产出的柑橘不符合要求，公司有权拒绝收购。C公司本身并不生产农资，所有农资都源于集团与农资A厂商的合作。通过订单农业，A厂顺利借助C公司将农资产品销售到小农户手中。那么，如何来保证小农户的配合？政府又计划将小农户的土地托管给各村的合作社，小农户以土地和果树入股的方式加入合作社。当合作社获得收益时，将按照"5+4+1"的比例分红，其中50%产值归合作社，40%归农民，10%归村集体。小农户还可以在C公司的柑橘园内务工，换句话说，合作社统一从公司购买农资，将小农户的土地集中后雇用他们务工，然后与公司签订订单协议，以此实现了柑橘产业规模化和产业化发展。该计划目前尚处于试验阶段，但这意味着传统嵌入村庄社会结构的农资经销商将逐渐退出舞台，企业化的经营模式迫使农民接受农资的统一安排，所有的农户种植行为都在公司的经济强制力下进行。

4.5 小结

本章分析了下乡资本从生产环节向上游农资供应环节延伸的具体过程。随着农资市场化的推进，农资经销商群体数量日益壮大，并采用嵌入村庄社会结构的行为方式与小农户进行农资交易。为了降低农资成本，下乡资本和种植大户通过嵌入关系实现了联盟。龙头企业的订单农业模式开始兴起，导致向小农户销售农药和化肥的农资经销商数量逐渐减少，从而推动了农业向规模化和产业化转型。本章经过分析得出以下结论。

第一，中国从集体化时代向市场化时代的转变，是农资企业和经销商数量不断增多，且农资成本不断攀高的原因。首先，在集体化时期，农资的生产和流通由国家决定，该阶段农药和化肥的产量逐渐上涨，但依然满足不了农民的基本需求。虽然国家采用农资补贴来替代粮食补贴，以吸引农民从事经济作物种植，但由于国内经济水平低，物资短缺，为求温饱，农民更倾向于将农资用于粮食作物的生产。因此，行政力量主导的集体化时代并不具备经济作物种植规模化的社会条件。其次，改革开放后，计划经济体制造成价格与价值分离的弊端逐渐显露，国家实施了"价格双轨制"，但农资产品依然供小于求，仅允许县域以下的农技站等部门进行农资销售，低商品化的农资市场依然不具备农资厂商和经销商生成的基础。最后，随着国家取消农资的计划统筹和定价限制，私人资本逐渐涌入农资市场，形成了独家层级代理制，农资价格在层层加码后最终转嫁给农业生产者。

第二，嵌入乡土社会是农资经销商向农户销售农药、化肥等农资产品的行为基础。农资经销商要顺利进入产业场域就需要与乡土社会结构相契合。乡土的差序关系以及人情、面子等文化要素决定了农资经销商需要采取请客吃饭、技术培训、赊销等行动来获取农民对经销商的信任，进而完成农资产品交易行为。

　　第三，下乡资本挤压了小农户购置农资的传统渠道。一方面，产业联盟在地方政府的支持下逐渐兴起，通过统一购置成本更低的农资，在柑橘销售市场中取得价格优势，这使得排斥于柑橘产业联盟之外的小农户在技术和销售中均处于弱势地位，许多农户无奈选择放弃种植柑橘，将土地流转给实力雄厚的种植大户，使得资本经营的规模不断扩大。另一方面，为了能够进一步实现县域农业向规模化和产业化转型，响应国家号召，让小农户衔接现代农业，解决县域小农户数量多但经营分散的现状，政府引入龙头企业，通过订单农业的方式将小农户放入公司的制度约束中。龙头企业决定农户的农资购置、技术标准和销售渠道，导致小农户和传统农资经销商之间产生"断联"，由此嵌入乡土社会的农资交易模式逐渐被企业主导的订单模式所替代。

第 5 章
资本向下游延伸：柑橘销售方式的秩序转型

在经济全球化的浪潮下，资本密集型农业公司已将触角从生产环节延伸到农产品收购与加工环节，并在世界范围内掀起"超市革命"（McMichael，2009）。这些食品公司不断强化对农产品全产业链的控制（范德普勒格，2013），已经将市场关系延伸至乡村，改变了农产品的销售秩序。与粮食作物的保护价不同，经济作物产品的销售存在更多的不确定性。本章的考察重点在于探讨下乡资本如何触及销售环节，从而带来柑橘销售秩序的转型。

关于农产品销售的研究主要集中于经济学领域，具体体现在以下三个方面：一是农产品销售秩序研究。在消费者需求和技术进步的影响下，农产品销售模式不断创新，例如电子商务模式、城市配送模式、连锁经营模式和产销联盟模式（刘刚，2014）。还有学者根据销售成本测算得出"农户—第三方物流—超市—消费者""农户—收购商—批发商—水果店—消费者""农户—收购商—批发商—农贸市场—消费者"三种销售秩序难以获得大幅度的溢价，而"农户—第三方物流—超市"模式的利润最高（陈耀庭、戴俊玉，2014）。二是农产品销售困境研究。农产品需要借助销售实现价值增值，但目前面临诸多挑战，包括农民文化素质低、物质秩序政策缺失、资金供需存在缺口以及制度体系不完善等（姜燕，2012）。此外，市场开辟过程中还存在恶性竞争和无序竞争（马增俊，2014）等社会性问题。三是农产品经纪人研究。伴随着市场经济的发展，20 世纪 90 年代农产品经纪人队伍发展迅速，成为农村商品销售的重要主体。在我国西部地区，四川成为农产品经纪人规模较大的省份，甚至发挥出"一个经纪人带动一个村或一个产品"的作用（杨宗锦、张海燕，2008）。因此，将经纪人制度植入农产品销售体系，有助于推动农产品销售的改革(厉伟、李志国,2000)。

以上研究多从效率机制的角度分析农产品销售问题,然而,任何市场行为都与社会关系交织在一起,农产品销售过程必然会卷入复杂的地方社会关系,厘清农产品销售中的社会要素,将有助于进一步理解资本输入后销售秩序转型背后的机理。实践表明,青竹县的柑橘销售经历了由"行商"到"坐商"的转变,同时在新销售方式的拓展下,嵌入乡土社会和社会关系的传统销售模式逐渐被市场主导的新型销售模式所替代。

5.1 柑橘销售：从"行商"到"坐商"的秩序转型

5.1.1 柑橘销售的"行商"阶段

肇始于青竹县的分田到户,柑橘的销售方式经历了从"行商"到"坐商"的转型过程。1981 年至 2000 年初,该地区处于"行商"阶段,此阶段柑农需要自己采摘柑橘,然后将其运到市场上销售,或将其转交给本地部分具备销售能力的大户,后者再到外地寻找销售对象,该阶段农产品的商品化程度较低,交通运输条件相对落后,除了自产自销或亲属朋友购买外,基本上靠农户自行外销。2000—2012 年柑橘产业进入了"坐商"和"行商"混合阶段。一些外地的柑橘商贩在发现商机后,开始深入乡村收购柑橘,然后将其运往全国各地的批发市场进行销售。但是这一阶段农产品经纪人数量相当稀缺,再加上柑橘市场行情的波动,相当数量的农户并未选择以批发价将柑橘出售给商贩,而是仍然自行前往附近的城镇进行销售。从 2013 年起,柑橘产业逐渐进入"坐商"阶段。随着全县大规模推广柑橘种植,以及农产品经纪人数量的增加,青竹县柑农普遍通过"代办"(柑橘经纪人)销售柑橘。除此以外,大型企业也开始入驻乡村,参与柑橘的收购和加工环节,形成了订单模式。部分规模较大的种植主体则借助互联网平台,将电商作为重要的销售渠道。

20 世纪 80 年代,青竹县的柑橘以红橘品种为主,当时市场活力不足,加之城乡交通不便,几乎没有客商前来青竹县收购红橘,农户们只能自己背篓拉到县城去叫卖。

"以前虽然水果价格比较便宜，但农户们因为没有销售渠道而发愁。大多数农户都是自己背上 100～200 斤柑橘，前往县城的市场上找顾客。到了县城，他们通常会先去其他卖柑橘的地方了解市场价格，在探价过程中觉得价格合适就把柑橘卖给菜市场或者水果批发地的店商。如果手里的货不多，农户探完价后就自己在街头巷尾叫卖。哪像现在，商贩自己会主动下村收柑橘。"（20200619-ZLY）

另一种销售方式是柑农把红橘委托给当地的农户帮忙代销，并支付汽油费和劳务费，但这个过程对小农户而言同样十分艰辛。

"当时我们卖红橘和脐橙的价格是每斤 2～3 元，背一篓就能赚几百元。但是，我们得先把果儿背到大路上装车，再由其中一个人拉到眉山或成都去卖。虽然卖价还行，但由于每家种的量并不多，走这么远的山路为了卖点果子不划算，如果种得多，背的量也大，活活要把人累死。"（20200618-CHL）

进入 20 世纪 90 年代后，红橘逐渐失去了市场，椪柑开始逐渐被引进。尽管销售方式依然以"行商"为主，但无论是自行销售还是委托本地农户代销，销售范围均比 20 世纪 80 年代有所扩大。

"竹庙村原村党支部祝书记在 20 世纪 80 年代承包果园种植柑橘，成为当地第一个种植红橘的人。当时红橘还有一定的市场，收完之后就自己装上车拉到省外去卖，但是红橘价格一直上不去，慢慢就被市场淘汰了。到了 90 年代，祝书记又把红橘改良为椪柑，那时候，椪柑的口感已经很好，但因为市场认知度低，很多人不认识，所以外地收购商都不愿意收购这个品种，那时也不像现在有商贩下乡收柑橘，只能依靠找运销的农户代卖或者自己挑到大街上去卖。但青竹县经济水平低，本县老百姓消化不掉几万斤的椪柑，要想卖出去必须走更远的路。于是，祝书记就把农户们组织起来，将椪柑拉到成都去卖，并请在成都的熟人帮忙销售。成都的老百姓尝过后，觉得味道很好，一个月就把椪柑买完了，很多顾客还留下了联系方式，第二年当他们再去成都卖椪柑时，这些顾客就主动过来买了，也正是因为这样，咱们青竹椪柑就出名了。"（20200630 - WZO）

同样地，溪水村的原党村支部书记沈国强从 1988 年起就开始为农户代销柑橘，除了自己家种柑橘外，他还帮助当地其他柑农销售柑橘：

"1990 年，全县的柑橘品种主要以红橘和蜜橘为主，有些村子开始种椪柑。那时机械化程度低，农户们都是用手扶拖拉机或竹筐把红橘运到我这里，然后我把柑橘装车，运到眉山车站，最后用火车把柑橘运到外省找销售渠道。最先我们去了山西临汾，那里有个私人作坊专门做水果罐头。我自己家种的就是蜜橘，于是我们就把青竹县农户卖不掉的水果运到他那里，第一次卖了 6 万斤，赚了 3000 元钱。后来我们又开始开发天津市场，当时我们四个人一起去，在天津批发市场认识了一位朋友，我去他家时，见到孩子就给了 50 元见面礼，礼尚往来，之后我们就越来越熟悉了。第二年，我通过电报联系他后又去了天津，天津话我听不懂，他就给我当翻译，2006 年，我在天津市场就卖了 108 万元，最多的一天，我们从青竹押运了两个挂车去天津。后来，村里的老百姓看到我能力强，就选我当了村支部书记。虽然我现在退下来了，但还在销售柑橘。不过现在都是外地的商贩主动来找我们买柑橘，不需要我再押运了，主要是现在消费量大，很多商贩都想从中赚取差价。"（20200707 - SXX）

5.1.2　柑橘销售从混合阶段到"坐商"阶段

2000—2012 年，青竹县处于"坐商"和"行商"混合阶段。自 1997 年青竹县被评为"中国椪柑之乡"以来，青竹县政府重点支持椪柑产业的发展。加之国家推行的退耕还林政策使柑橘产业成为青竹县的支柱产业。进入 21 世纪初，全县的柑橘面积稳步增长。伴随家用电话的普及和交通运输的便利，部分柑农不再需要外出寻找客户，许多外地商贩开始下乡收购柑橘。

> 近年来，橘乡电话"村通工程"搞得热火朝天。历史上，橘乡农村无一户农户安装电话，信息闭塞严重制约了经济的发展。特别是近年来在椪柑销售期间，内外联系困难，果农信息不畅，去年椪柑的价格由 1 元下跌到三四角，给果农造成了巨大的经济损失。随着西部大开发的实施，橘乡党委和政府抓住这一机遇，在全乡干部群众中做好宣传、动员和组织工作……已安装电线杆 537 根，拉线近 20 公里，群众要求安装电话的积极性很高，目前，已有 120 多户预缴了电话费，全乡计划在 6 月底前完成全部工作。（资料来源：《青竹报》2000 年 6 月 6 日）

尽管柑橘产量上涨，但滞销现象却愈发严重。柑橘滞销主要由两方面原因造成：一是天气原因导致柑橘受损，比如 2002 年春季，橘乡的祝大姐本以为果子供小于求能卖上个好价钱，商贩子给到每公斤 1 元 6 角都没卖，不料后期遇到霜冻，果子在树上长了白霉，商贩也不要了，只能摘下后拿到街上零售，每公斤仅 1 元 2 角，连肥料成本都收不回来；二是青竹县缺少经纪人。没有中介人寻找市场，导致销售渠道受阻，"多了价不高，少了果还贱"的现象逐渐蔓延，这主要是由于信息不对称，柑橘商贩掌握着更多的定价权和话语权。一旦市场供大于求，柑橘滞销问题便愈加严重，柑农不得不选择就近沿街叫卖。

> "今年的椪柑应该能卖到好价钱吧？"当记者问到椪柑的销路时，李大爷的眉头不由得皱了起来，他摇了摇头说："虽然今年椪柑丰产，但由于销售渠道有限，能不能卖个好价钱就说不清楚了。"……现在，椪柑的销路成了让果农头疼的事情。纵观青竹椪柑近几年的销售情况，由于农户们习惯于卖果不出家门，主动开拓新市场的速度减慢，既没有在省内形成强有力的营销网络，更没在全国各地建立自己的销售渠道。因

此,椪柑所卖的价格不尽如人意,产品附加值也不高。"虽然我们村的椪柑品质高,产量好,但销售都是各家顾各家的。"一位果农告诉记者,他家的椪柑少部分卖给外地商贩,大部分还是由他和妻子沿街叫卖,或者拿到水果批发市场兜生意。(资料来源:《青竹报》2000 年 10 月 29 日)

自 2013 年青竹县正式将柑橘产业确立为县主导产业以来,柑橘销售方式也从"行商"和"坐商"的混合阶段步入完全"坐商"模式。如今,柑橘生产经营主体可以足不出户等待商贩入村收购。这一转型的背后有几个原因:一是随着人们生活水平的提高和健康理念的提升,大众的饮食结构发生了变化,新鲜水果逐渐受到青睐,柑橘的消费量逐年稳步上升。四川作为柑橘生产大省,吸引了大量外省商贩前来采购,进而推动了柑橘经纪人的出现,柑农也自然不再需要主动外出寻找客源,直接把柑橘卖给经纪人即可。二是移动电话、物流设备和电商平台的普及大大加快了种植者与外界的信息沟通,拓宽了柑橘的销售渠道。如今,一些种植者在家便可以通过淘宝、京东、抖音等电商平台进行柑橘销售。三是青竹县种植柑橘具有深厚的文化根基。近年来,在地方政府的支持下,青竹县每年都举办"椪柑文化节"。一系列文化活动吸引了大量外商来县挑选和采购柑橘,使得柑橘的成交量得到了稳步上升。四是政府通过项目支持吸引了褚橙集团等一批企业进驻乡村,投资兴建冻库、果汁加工机器等设备,并采用订单农业模式来收购农户的柑橘,稳定了柑橘的销售渠道。

正在选购椪柑的一位大姐向记者抱怨道:"这个椪柑价格好高,今年青竹县种柑橘的农户可赚安逸了!"……专门为外地客商找果源的林师傅说道:"现在交通条件好啦,外地商贩又多,很多果农都在观望,出不起好价钱,他们是不会卖给你的。"往年很多利用价格走低,在家坐等收购的商贩今年也开始走街串巷联系货源,商贩看到漫山遍野的柑橘却买不到,哪怕提高了收购价格,果农还是稳坐"钓鱼台"。一些心急的商贩为了不让货车干等浪费时间,只能以高于往年的价格收购。(资料来源:《青竹报》2014 年 12 月 13 日)

5.2　经纪人：收购商与小农户对接的桥梁

5.2.1　小农户直接对接收购商的限度

1）小农户与收购商销售量的供需错位

青竹县柑橘改种杂柑之前，每年 10—11 月份，为防止霜冻，椪柑在八分熟时就会被农户从树上采摘下来，然后用保鲜膜一颗颗包裹起来，留到春节旺季销售。但是摘下来的储存果和鲜果相比口感较差。因此，收购商和小农户的销售量较小，大多数农户还是依靠自己沿街叫卖，或是由部分农户外出寻找市场。自"留树保鲜"技术推广以来，农户将树木整体覆盖上薄膜，防止雨水和霜冻对柑橘的伤害，同时采用断根断水的方法给柑橘树控水保温，从而保证爱媛 38 号、耙耙柑等新品种能在次年 1 月至 3 月彻底成熟。该技术的采用使得春节期间收购商对鲜果的收购量大幅上涨，而小农户的生产规模有限，收购商如果逐一对接小农户会大大增加收购的沟通成本，因此，收购商更倾向于通过柑橘经纪人进行批量采购，而非直接对接小农户。

刘村的一位柑橘经纪人说道，在"留树保鲜"技术推广之前，经纪人收购的主要是储存果。有些收购商需要 1 万～2 万斤的柑橘，但由于储存果的质量难以保证，经纪人往往难以判断果子的品质，尽管外表看起来完好无损，但果肉已经坏了，导致收购商采购意愿降低。现在普遍销售鲜果，经纪人和收购商之间的矛盾也有所缓解，双方关系也更加紧密。青竹县几乎每个村都有经纪人，他们对每家村民种了多少柑橘，柑橘品质如何都了如指掌，当收购商来找经纪人购买柑橘时，经纪人在了解他需要的品种和价格后，很快就可以从对应的农户那里采购到。如果收购商对第一次收购的柑橘满意，就会留存经纪人联系方式，来年还会继续联系。另外，小农户因为生产量较少，在与收购商直接对接时缺少议价能力，自己沿街叫卖不仅价低，还会增加个人的劳动成本。因此，小农户对经纪人的依赖程度相对较高。

2）销售的信息门槛与信息不对称

有学者在对生姜和冬枣两个产业进行调研时发现，小农户和收购商选择经纪人作为销售中介，而不选择直接在农产品销售市场交易，主要在于以下两个原因：一是经济作物销售存在"信息"门槛，即小农户往往对市场信息了解不足，无法对自己生产的产品进行合理估价，而经纪人则熟知不同品质农产品的市场价格；二是小农户通常远离销售中心，收购商可以利用信息不对称的优势，从小农户那里低价收购产品，小农户缺乏与收购商直接议价的能力和途径。换句话说，收购商能够通过经纪人了解到产品品质，但小农户却无法从经纪人那里获知收购商的最高报价，只能被动接受经纪人的定价（陈义媛，2018）。

柑橘产业同样存在类似情况，小农户和收购商都依赖于经纪人作为中介对接柑橘买卖。收购商会寻求经纪人的帮助来收购柑橘，并支付给经纪人"代办费"5 分/斤或 1 角/斤，5 分/斤的服务包括经纪人为收购商采购柑橘，同时协助其找工人进行采摘和装车。收购商支付给经纪人的代办费和工人的采摘费都包含在这项服务中。而 1 角/斤的服务除了上述内容外，还包括收购商住在经纪人家里包吃住的待遇。刘村 7 组的队长作为一名柑橘经纪人工作多年，在他看来，当好一个经纪人的首要条件就是要懂得鉴定柑橘品质，满足不同收购商对不同品质柑橘的需求。比如有的收购商对收购的柑橘品质要求较高，给出的价格也相对较贵；有的收购商则愿意收购品质相对较差的柑橘，这样价格自然就低。经纪人需要根据不同收购商的需求去对接农户收购柑橘。因此，从柑橘经纪人的发展历程来看，有种植柑橘经历的经纪人，通常对柑橘的技术和市场信息更加熟悉。比如李村的万健军，种植柑橘 20 年，从事柑橘销售 15 年。2000 年，他和朋友合伙承包了50 亩果园种柑橘。2005 年，在柑橘市场行情低迷时，万健明选择退股，在师傅的带领下联系了内蒙古、吉林、北京和上海的客商，专门在本地做经纪人收购柑橘，3 年后，他转向成都市场，开展水果批发生意。到 2015 年，他又独立承包 50 亩果园，重新种植柑橘。

5.2.2　外来收购商对接小农户的嵌入机制

囿于小农户对接收购商存在一定的局限性，因此经纪人在"坐商"阶段的柑橘流通中扮演了重要角色。在柑橘的销售过程中，外来收购商和本地小农户并不直接签订买卖合同，而是主要通过经纪人代理完成。因此，经纪人成为内外关系衔接的桥梁，外来收购商和小农户之间的买卖合同实际上嵌入了经纪人的关系网络。在这个过程中，合同中社会意涵相较于法律条文作用力更大。根据威廉姆斯的关系合同理论，特定身份人的人际关系能够有效降低销售成本。在多次交易的情况下，买卖双方会逐渐建立起专用语言和信任关系，这使得关系合同中的社会意涵和法律条文相契合，从而降低双方的摩擦风险（Williamson，1979）。对应柑橘产业，经纪人便是关系合同中的特定身份人，是关系合同形成的重要载体，这种特殊性源于经纪人嵌入乡土社会的熟人网络，其经济行动受制于乡土中隶属关系。"隶属关系"反映了一种纵向的社会结构，这里的纵向结构并非基于正式组织的权力结构，而是结构中存在一个或多个韦伯笔下的卡理斯玛型权威人物，该人物以个人魅力让另一方服从于他，是建立在心理征服而非正式权力之上的人际关系（吴鹏森，1995），柑橘经纪人便具有这种典型特征。虽然有学者认为，随着农村青年劳动力的外流，乡村逐渐走向半熟人社会（贺雪峰，2000）或无主体熟人社会，隶属关系流散成为当今乡土社会的主要特征（吴重庆，2011）。但事实证明，乡村并未走向原子化，乡村产业的发展依然需要与社会结构相配合，尤其是具有乡土本色的情面原则和关系伦理（付伟，2020）。因此，乡土社会的隶属关系成为经纪人成功衔接小农户和外来收购商的重要社会基础。

1）从本村货源到外村货源：社会关系网络拓展

柑橘经纪人能够帮助收购商拿到货源最主要的原因在于他们掌握着丰富的社会资本。拥有较高社会资本存量的人可以利用社会网络调动所需要的社会资源，其中包括人情、面子、信息等无形影响力（边燕杰等，2020）。青竹县几乎每个村都有柑橘经纪人，他们与本村的柑农之间保持着紧密的关系。许多经纪人甚至在村里有着特殊身份，要么在村里担任队长一职，要么是村里曾经的种植大户。从隶属关系来看，经纪人在本村原先就具有一定的声望，考虑到情面原则，在价格合理的情况下，柑农乐于将自己的柑橘销售给经纪人所提供的收购商。

程队长从事柑橘行业已有 20 年，他表示"经纪人和农户发生冲突在本村几乎没有，我和本村农户都很熟悉，当然也有一些关系不好的柑农，他们也不会找我收他的果子。我会根据市场行情来收购，比如你的果子质量高，我就给 3 元/斤，如果质量不行，那就只能给 2 元/斤，至于质量好坏我也懂，柑农自己心里也清楚，多一点少一点，碍于情面都谈得过去。"(20200619 – CJM)

随着青竹县柑橘产业的发展，柑橘经纪人的数量日益增加，许多经纪人借助自己的社会网络，已经把业务范围从本村扩展到县域内的其他村庄。然而，另一种情况是，本地经纪人由于长年压价，信誉降低，许多柑农主动寻求外村经纪人来收购柑橘。外来经纪人嵌入本地村庄会遭遇两种不同的情况。一是同等柑橘报价相同。由于本村的柑橘经营规模较大，本地经纪人往往无法完全收购整个村的柑橘，他们会选择与关系较近的其他经纪人强强联合或优势互补，这样，两个村或多个村的经纪人会联合在一起收购柑橘，并根据柑橘的不同品质对应不同的收购商。二是同等柑橘报价不同。柑橘经纪人进入外村并没有强制性门槛，当经纪人知道某村的货源符合收购商的需求，就会进入该村收购柑橘。但此时难免会与本村经纪人产生利益冲突，比如两个经纪人同时带着收购商前来采购，本地经纪人所对接的收购商要求不高，而外地经纪人对接的是大型超市，属于高要求类型。同样品质的柑橘可能外地经纪人报价更高，根据经济理性来看，柑农自然倾向于选择报价更高的外村经纪人。事实上，大多数柑农仍然倾向于将货源销售给本地经纪人，一位柑农解释道："即便外地老板给价高 1～3 角/斤，我们也倾向于给本地代办，因为我们是长期合作，外地代办今年来了，明年就不一定再来，你这次给外地代办，得罪了本地代办，以后都不收我的果子怎么办？"

2）隶属关系下的信誉担保

柑农虽然在产业链条上处于弱势地位，但生活与再生产的基本诉求决定了其销售柑橘的主要目的是获益，很少会因顾及情面而损害自身的收益。农户不仅相信经纪人掌握足够的市场信息，更重要的是对经纪人有足够的信任，这才是农户给经纪人情面并实现销售的源泉。柑橘的采摘周期较长，在此期间市场价格也经常出现涨跌现象。倘若收购商和柑农签订合同时价格较高，但在采摘周期接近尾声时价格下跌，收购商可能会拒付尾款而选择"跑路"。此时，即便农户已经采摘并尝试销售，因降价而导致的利润损失也难以避免。因此，收购商与柑农签订协议时，经纪人也需要签字，以让农户相信经纪人能够有效防止跑路现象的发生，并具备追讨尾款的能力。麻吉村的村支部书记说过：

"在柑农和客商签订合同时，有个不成文的规则，比如采摘时缴纳的部分订金通常是2.1元/斤，保证这个收购价不会随市场价波动而变，等到20天过后，市场行情变成了1.8元/斤，客商就会面临亏损，但是如果行情变成了3元/斤，客商就会有更多利润。当然，如果未来价格下跌，也可能会出现客商拒绝支付尾款而跑路的情况。经纪人会尽力追讨尾款，即使追不到，大多数柑农也不会太计较，毕竟都是本村人，也都能理解。"（20200621-FQL）

同样，收购商愿意依托经纪人收购柑橘，主要源于经纪人在本地的社会影响力，也源于隶属关系下建立的信任。从事经纪人多年的老万说道：

"经纪人最主要的是诚信和声望。我对接100多家农户和几十个收购商，收购商之所以信任我，主要就是因为我的诚信，我不会让收购商吃亏离开。记得第一单生意，当时收购商骑摩托车到果园考察，问我柑橘都卖到哪里去，我说大多数柑橘都是当地人收购。他觉得我很真诚，并且在当地口碑不错，于是就让我帮他收购柑橘。当时我帮他收购了褚橙1万斤，代办费是2分钱/斤，我就赚了200元。后来，他还给我介绍了其他收购商，就这样我一直做柑橘经纪人到现在。所以当经纪人必须让别人信得过你，如果经纪人在本村没话语权，对外也没有给收购商介绍到高质量的柑橘，这样的经纪人没法长久做下去。"（20200618-LJM）

3) 经纪人及其村委起化解收购商与小农户矛盾的"润滑剂"作用

经纪人除了对接农产品外，还有一个特殊的职能就是化解双方的矛盾，正如前文所述，情面原则下的经纪人与小农户以及收购商之间较少出现矛盾，但收购商作为外来者，并没有和柑农建立紧密关系，因此倘若采摘期柑橘市场价格上涨，柑农单方面撕毁协议的情况也时有发生。比如收购商预订了3万元的果子，先给农户支付了1万元订金，1月预订，2月份摘果，如果一个月内柑橘的价格上涨或预测可能会上涨，农民可能会选择撕毁协议或只履行部分协议，比如退还订金或者仅履行1万元的柑橘量。此时的矛盾就需要经纪人在中间协调，经纪人通常会选择两边平衡，最终农户可能会履行给中间商2万元的柑橘量。

类似的矛盾经纪人大多能够妥善处理，但如果矛盾过于激烈，就需要经纪人所在的村委帮助解决，尤其对于外来经纪人而言，村委的话语权在化解矛盾中的作用更加明显。村委通常都会尊重经纪人的意见，并根据双方签订的合同进行甄别。例如，刘村就曾发生过一起收购商和农户之间的矛盾事件，经过村委和经纪人的调解，最终成功化解。具体情况如下：

2020 年 2 月 29 日

农　户：马××　　　　身份证号：　　　　　　电话：

中间商：覃××　　　　　　　　　　　　　　　电话：

因马某出售春见柑橘，与买方覃某签订了购买合同，合同中明确规定：花果、花斑果、烂果、小果、青苔果、病果和太阳果一概不收。马某注意到覃某在选邻居家的春见时非常挑剔，所以下午，买方前来采摘马某的柑橘时，马某不愿意出售了。覃某也不愿意计较，要求马某全额退还购果合同的1 000 元订金，对此，马某只愿意退还 500 元，从而引发了矛盾。

马某：你签了合同就应该按照合同购买。

覃某：我当然要购买，但是按合同办事，该拆的拆出来。

马某：你的拆果率已经超过你买走的部分，还卖啥子，你可以拆烂果和小果，但其余的不应该拆出来。

覃某：我们签了购买合同，合同中明确写了几类果不要，白纸黑字，你也按了手印签了字，我现在没有说一定要你卖，只要你退还我的订金1000元，我也不追究，况且我也没动你的果。

马某：那我们到村上找人评理，该我退的钱我会退给你。

刘村的村干部刘书记先向经纪人了解了情况，然后查看了合同，并当着在场的其他村民念了一遍合同，明确指出合同中对买果选果的要求。马某既然签订了合同，现在又反悔，覃老板也不追究违约责任，只要求全额退还订金，并不过分。最终，经过协调，马某当着大家的面，全额退还了订金1000元。双方不再追究此事。

5.3 脱嵌：新销售模式拓展下的"去经纪人化"

从"行商"到"坐商"的销售方式转型过程，实际上反映了外来商贩不断进入乡村后，对农民分化的推动。"行商"阶段，从事柑橘生产的更多是以家庭经营方式为主的小农户，该阶段小农户将丰收的柑橘用于自家食用、赠送亲友或就近售卖，多余的柑橘则拿到市场售卖，这一阶段的生产组织方式具有同质性。步入"坐商"阶段后，大量商贩涌入乡村，推动了农村经济的迅速发展。在这一阶段，经纪人对小农户销售柑橘而言发挥着重要作用。经纪人为小农户打开了销路，确保了柑农获得稳定的农业收入，形成了柑农、经纪人和收购商三者之间互利共赢的交易模式。

虽然经纪人会嵌入本土的社会网络，但并不意味着所有经纪人都会维护小农利益，经纪人作为商业资本进入农业的重要一环，逐利的商业伦理观使部分经纪人甚至沦为中间商克服乡土潜结构的"工具"，利用情面原则剥夺柑农的利益。具体表现在：一是经纪人的代办费由收购商发放，因此相对于柑农，经纪人更多为收购商的需求考虑，帮助收购商买果和化解矛盾，而小农户对市场信息了解有限，对于经纪人的压价行为全然不知。比如收购商报价2元收购柑橘，但经纪人会给小农户报价1.8元，从中赚取2角/斤的差价，还赚取相应的代办费；二是随着青竹县雇用经营的发展，经纪人也更倾向于收购大型农场的柑橘，因为大型农场的柑橘质量高、产量大，经纪人收购时可以节约时间和劳力成本。如此一来，小农户的话语权逐渐式微，议价处于被动。因此，辛勤劳动的柑农赚取的利润相对较低，正如麻吉村村书记所言："柑橘都是老百姓在种，但最后只能维持生活，反而暴利的都是那些收购商、加工厂和超市。老百姓花几个月的时间种植柑橘，而那些老板只需1～2 天就把柑橘摘了，然后把钱赚走了。"

　　这一现象也引起了政府和民间组织的关注，他们试图通过拓展柑橘的销售渠道来实现"去经纪人化"，以避免经纪人赚取中间差价，并实现农户和厂商或者消费者的直接对接。但实践证明，这些销售方式的拓展反而推动了柑橘产业"去小农化"进程。部分村庄小农户的柑橘要么无处销售，要么只能以低于成本价销售，导致小农户与收购商之间的利润差距进一步扩大。具体表现为：一是柑橘文化节的参与者多为当地的规模化经营主体和外来的大型收购企业，小农户几乎没有展示柑橘品质的机会；二是农产品电商平台的发展加剧了小农户和商业资本之间的技术区隔；三是在地方政府的支持下，龙头企业替代了柑橘经纪人的角色，采用订单农业的方式把控了柑农的生产规范和销售渠道。

5.3.1　柑橘文化节中的主体排斥

　　自从青竹县被评为"中国椪柑之乡"以来，地方政府着力打造柑橘产业的知名度，连续多年举办的柑橘文化节成为对外宣传青竹县柑橘产业的重要途径。2013 年，柑橘文化节的内容更加丰富，逐渐从单纯的节日庆祝拓展成交易市场，成为种植主体和收购企业的柑橘交易平台。政府对柑橘文化节的资金投资也在逐年增加，从 2014 年的 21.4 万元上升到 2019 年的 196万元。第十届柑橘文化节的项目金额预算（见表 5 - 1）显示，除了加大宣传投资外，政府也加大了对国内大型商超、供应链、国内外客商以及"椪柑大王"评选的投资力度。这些大型企业通过参与柑橘文化节，实现了与青竹县本地龙头企业的对接，削弱了经纪人的中间环节。这些外来企业如何了解青竹县柑橘产业，并主动前来参与柑橘文化节？ 其实从调研资料中可以看出，大多数客商与青竹县的龙头企业或规模化种植户之间已经建立了长期的供销关系。这些龙头企业将客商引进青竹县，一方面提升了青竹桠柑的市场影响力，满足了地方政府打造规模化柑橘产业的目标，同时也为龙头企业进一步扩大再生产和享受项目福利奠定了坚实的基础；另一方面，龙头企业和种植大户引进客商后，扩大了社会网络关系，实现了强强联合，拓宽了扩大再生产后的销售渠道，并激发了种植主体扩大土地流转、实现规模化经营的意愿。

表 5-1　青竹县第十届柑橘文化节项目金额预算（单位：万元）

项目名称	经费预算说明	预计金额
开幕式和氛围营造	包括整体氛围营造、开幕式会场开支和设计费、人工费等其他费用	115.7
采购商和嘉宾邀请	包括邀请国内大型商超、供应链、省内外客商、国外客商等费用	20
寻找青竹桠柑锦鲤	包括小视频制作费、购买奖品等费用	5
桠柑展销	包括购买展销桠柑的费用	3
"桠柑大王"评选	包括"桠柑大王"奖金、活动车辆和评审费等	1.5
高峰论坛	高峰论坛专家邀请和接待，高峰会场租用和布置等费用	3
有奖征集	包括主题词征集等的费用	1
"青竹桠柑亲吻中国"活动	包括"亲吻中国"礼品 100 个设计、邮寄费用，桠柑购买、开幕式视频制作等费用	3.8
网销竞赛	百名电商创客分销大赛、网红视频直播推广大赛、开幕式电商实时数据展示、桠柑节及分销大赛网红视频大赛宣传推广等费用	15.7
欢乐跑和童趣绘画	包括画框、人员组织、车辆等费用	3.2
媒体记者邀请	包括邀请人民日报、新华社、中央电视台、四川日报、四川卫视等媒体	1
旅游宣传推介	包括制作青竹文旅宣传折页、手绘地图、制作青竹文旅创意文创产品、组织开展青竹非遗项目展示体验、设计发布青竹特色表情包等	5.3

（续表）

项目名称	经费预算说明	预计金额
椪柑节摄影活动	包括获奖作品奖金、证书制作费、评审费、对外信息发布及网络投票费用等	2.8
环境整治	椪柑广场道路绿化、环线补植、人居环境整治	5
环境整治	环线环境整治，房屋拆除，绿化	5
安保	会节安全保障工作	5
合计		196

相反，小农户参与柑橘文化节的性质更具娱乐性而非商业性。他们既没有机会参与高峰论坛，学习前沿的柑橘种植技术，也无法和外来大型企业洽谈柑橘销售业务。同时，在"椪柑大王"的评选中，获奖人员全部来自当地的柑橘种植大户，小农户由于规模限制，完全丧失获得奖金的机会。正如一位种柑农户所说："柑橘节每年我们都去耍，参加一些活动还是很开心的，但外来的客商都不会和我们签订合同，全都是和那些大农户签，我们种得少，最后还是得找代办帮我们卖。"可以预见，未来随着龙头企业和种植大户与收购商直营的范围扩大，经纪人的作用减弱，小农户的销售渠道将受到进一步挤压。

5.3.2　电商热潮下的技术区隔

随着互联网技术的发展，农产品电商逐渐得到普及。有学者认为，农产品电商可以作为小农户与现代农业有机衔接的重要载体之一。但值得注意的是，农产品电商对小农户的发展能力和增收空间尚不明确（程欣炜、林乐芬，2020）。农村电商生态系统构建的核心在于技术赋权（卢宝周等，2020）。在青竹县，从事柑橘种植的小农户普遍存在老龄化和文化水平较低的特征，对电商的接受程度较低，在电商蓬勃发展的背景下，技术往往赋权给大业主。具体表现在以下两个方面。

一方面，种植大户相对较为年轻，对技术进步的适应能力较强，并且通常以雇佣经营作为生产组织方式，这使他们能够将时间从生产中抽离出来，专注于开发互联网销售渠道，而文化水平较低的小农户只能为从事电商经营的种植大户或龙头企业进行柑橘的分拣和包装，缺乏独自开展电商经营的能力。

> 李星家里经营着上百亩柑橘，平时都是由父母雇人进行打理，李星则负责线上的销售。2017年"双十一"期间，在朋友的帮助下，李星开始在网店销售柑橘，并尝试通过"朋友圈"销售，每个果子都由自己亲自挑选和包装，生怕顾客不满意，后来随着销售量的增长，李星开始带上家人，然后雇一些小农户一起做。目前，李星家一半以上的柑橘产量都是通过电商渠道销售出去的。李星和快递公司老板很熟悉，加上发货量较大，快递费用相对便宜。通常一箱50元的柑橘，快递费就要30元左右，但她发货就只需要几元钱。根据李星介绍："当地的小农户很多都是上了年纪六七十岁的老奶奶，她们既不懂包装、分拣和发货，更不熟悉网上操作流程，所以小农户没法通过电商销售，最后都是我雇她们过来给我打工。经过培训，她们才学会了包装和分拣。如果经纪人没有帮她们把柑橘卖完，我也会帮她们在网上卖一点。"（20200704-LJX）

另一方面，地方政府对从事电商发展的种植主体给予政策扶持，这为龙头企业和种植大户提供了电商发展所需的平台和资金支持。由此，青竹县通过电商开拓柑橘销售市场形成了明显的技术区隔。早在2013年，青竹县政府就提出通过电子商务促销柑橘，文件中明确表示要充分利用青竹电子商务产业基地的优势，搭建柑橘网上销售平台，鼓励培育电子商务企业和业主，扩大青竹柑橘的影响力和销售渠道。2017年，政府又制定了促进柑橘销售的电商平台和销售主体的补贴政策。在相关政策的支持下，小农户和种植大户之间的技术区隔进一步加大。小农户既无资金也无技术，而种植大户则能够占取销售渠道，青竹县甚至培育出一批专门从事线上柑橘销售的经销商。

《青竹县"扶持跟着项目走"的实施办法(试行)》节选

六、促进电子商务融合发展

(十五) 扶持创新创业。

1. 新入驻天猫、京东等知名 B2C 电商平台销售青竹产品,运营满一年的网店,给予一次性补助 0.5 万元。

2. 新入驻速卖通、敦煌网等跨境电商平台销售青竹产品,年销售量达到 100 单以上(含)的网店,给予一次性补助 0.5 万元。

3. 新注册主营业务为电子商务且运营满一年的公司,给予一次性补助 0.5 万元。

(十六) 扶持做大做强。

4. 网上年销售额首次达到 500 万元、1 000 万元、2 000 万元的限额以上商贸企业,分别一次性补助 3 万元、5 万元、10 万元。

5. 跨境电商网店销售额首次达到 10 万美元,给予一次性补助 1 万元。

6. 电商企业建立 B2C 第三方电商销售平台,运营满一年,入驻商家 200 个以上(含),年销售额 500 万元以上(含),一次性补助运营企业 5 万元。电商企业建立 B2B 第三方电商销售平台,运营满一年,入驻商家 200 个以上(含),年销售额 5 000 万元以上(含),一次性补助运营企业 20 万元。

(十七) 扶持品牌培育。

7. 电商企业、商会、协会主导制定青竹主要网销产品标准并获批为市级或区域性团体标准、行业标准或省级地方标准、国家标准的,分别给予 5 万元、10 万元、20 万元补助。

8. 电商企业建成服务全县的农产品生产、流通溯源平台服务涉农企业 10 家以上(含),且入驻农产品 20 个以上(含)的,给予一次性补助 10 万元。

(十八) 扶持创先创优。

9. 对新获国家级、省级、市级电子商务示范企业的,分别给予一次性补助 10 万元、5 万元、2 万元。对新创建国家级、省级、市级电子商务示范园区(基地、孵化器)的,分别给予运营企业一次性补助 10 万元、5 万元、2 万元。

10. 入选年度"青竹县十佳电商企业""青竹县十佳乡村电商站青竹县十佳电商人才"的,每个分别补助 1 万元、0.5 万元、0.2 万元。

5.3.3 订单农业中的强强联合

订单农业是一种"龙头企业＋农户"的合作模式，其主要动因在于降低市场销售费用、解决农产品质量信息不对称和小农户与大市场之间的矛盾。大量的农民因此被称为"在家里打工的工人"（杨慧、蔡文，2013）。有学者将其称为隐性的"迂回"策略，农民看似在自己的土地上生产，但实际生产方式被绑定在工业化生产的链条上（Mooney，1983）。倘若将这种订单称为强弱联合的话，那么目前出现了更为激进的强强联合式订单农业，随着规模化雇佣经营的快速扩张，龙头企业更倾向于与标准化种植程度更高的种植大户合作，从而将小农户经营排斥在外。在这种情况下，小农户只能依靠经纪人销售产品，或流转土地，成为种植大户的雇用工人。

神果环球食品有限公司成立于 2013 年，位于青竹县工业园区，占地 15.5 亩，总投资超过 4 000 万元，现有员工 100 余人，拥有厂房、气调库及配套设施约 10 000 平方米，配备三条清洗包装生产线。公司的经营范围包括水果收购、加工、储存、批发、超市配送以及进出口贸易。年加工销售水果 7 000 吨以上，年产值 8 000 万元，年出口额近 1 000 万美元，已成为当地专业从事柑橘出口的龙头企业。该公司以全球化视野和开放格局推动企业发展，一是不断拓宽国际市场。公司的出口水果种类丰富，包括柑橘、苹果、猕猴桃、葡萄、芒果等。其中，柑橘类产品主要以春见、不知火、血橙、寿柑、柠檬等为主，销往东南亚、中东、俄罗斯、加拿大等 12 个地区和国家，充分挖掘当地居民及华人华侨的消费市场。此外，公司积极参加各类展会，如莫斯科国际食品展览会和香港亚洲果蔬博览会，努力将青竹柑橘推广至更多国家和地区。二是公司生产和销售覆盖面广，形成了较为健全的网络体系。其在云南冰川县、陕西蒲城县、山西永济县、河北承德县设有 4 个水果加工厂，主要从事葡萄、苹果加工和对外销售；在全国拥有水果直销批发店 15 个，主要面向北方和广东市场；通过与全国最大的农业贸易公司签订战略合作，产品入驻沃尔玛、大润发、家乐福、永辉等大型连锁超市，有效促进了川内产品和外省产品的互融互通。未来，公司将从加工能力和外贸能力两方面着手，致力于将公司建设成为一流的加工物流销售企业。

神果环球食品公司的负责人曾老板是一位来自马来西亚的企业家，从事水果销售生意 20 多年，最初，他在马来西亚从事进口生意，后来经朋友介绍来中国做水果出口。在他看来，东南亚的水果种类没有中国丰富，尤其是苹果，中国更是世界第一。公司能够保持常年的出口，年均出口量相当可观，但现在唯一的挑战就是中国市场的竞争太激烈，价格波动也十分剧烈。由于公司设立了两个出口品牌，国外市场相对比较稳定。自 2014 年青竹县提出支持柑橘产业发展的政策后，大规模的柑橘种植开始兴起。青竹县也积极招商引资，吸引曾老板来当地建厂运营，并给予了相应的优惠政策。

当时柑橘还处于试挂果阶段，公司最初选择小农户作为合作主体，由经纪人负责下村收果，公司则从经纪人那里采购。公司负责人介绍说：

> "当时青竹县各个村都有经纪人帮我们寻找货源。我们需要什么标准的柑橘，只要给他们打个电话，他们就会帮助找，有合适的水果就会联系我们去验果，估计采购的斤数后就开始签合同，和农户订好价格。比如，我们预估需要 5 万斤，实际采购了 6 万斤，我们也会按照约定的标准收购。经纪人会向我们收取一定的代办费，比如每吨收取 100 元。我们开始必须靠这些经纪人，因为他们对当地的人和柑橘行业比较熟悉，反观公司的信息就不那么精准。"（20200609 - ZXH）

随着大型果园基地产量达到一定规模，公司也开始转向和种植大户合作，小农户和经纪人逐渐被淘汰。神果环球食品有限公司在青竹县和多个种植大户建立了合作关系，种植大户需要根据公司所制定的质量标准进行生产，价格则按照当期市场价格进行订购。据该公司的负责人介绍：

> "我们采果量较大，40％来自长期合作的果园基地，60％则来自大户。这 60％中，谁的管理更好，谁家产出的柑橘质量高，我们就会优先采购。我们已经不再收购小农户的柑橘，因为他们的产量较少，千家万户需要太多经纪人去采购，且收到的果实标准化程度不高。我们对大户的要求是种植面积不低于 50 亩，产量要在 20 万斤以上。我们和基

地、大户都建立了长期合作关系,我们到时间就会派采购专员和他们对接业务。有的大户甚至会主动前来和我们直接签合同,我们柑橘每年的销售额在5 000万元以上,青竹县的柑橘至少占到40%。"(20200609 - ZXH)

5.4 小结

本章分析了资本延伸至下游后柑橘产业的销售秩序转型,即青竹县柑橘销售秩序由"行商"向"坐商"的转变。本章在揭示销售秩序转型的基础上,诠释了促成这一转型背后的社会过程。

首先,青竹县柑橘销售秩序的转型过程包括主体嵌入和关系嵌入两个方面。自2013年青竹县提出将柑橘作为农业增收的支柱产业以来,县政府积极鼓励龙头企业发展。具体措施包括:第一,采取政府入股、业主控股和果农参股的形式,成立青竹桠柑产业发展有限公司,实现生产、管理和营销一体化发展;第二,桠柑基地划片区承包给技术人员,长期进行技术跟踪,随时提供技术服务;第三,外联市场,整合全县桠柑的销售网络和经纪人,组团开展营销活动。同时,通过项目支持建立冷链物流体系,拓宽销售渠道,新建桠柑气调库,配套冷链物流车辆和设备,并依托省内外的桠柑出口企业,打通东南亚和俄罗斯等国外市场,逐步实现自主出口。这些举措都为柑橘销售秩序向"坐商"转型提供了坚实基础,也为"坐商"资金向下游延伸提供了便利。

其次,经纪人角色具有嵌入乡土社会结构的特征。商贩在进入乡村后利用"经纪人"的隶属关系克服与小农户对接的困境。小农户与收购商对接存在销售量错位和销售信息不对称的双重困境,同样,收购商作为"外来者"在融入乡土社会时也会面临一定阻力。因此,收购商和小农户之间需要一个中介去链接两者的关系,进而促进柑橘销售的完成。柑橘经纪人成为实现小农户与收购商之间柑橘交易的关键主体,无论是来自本村还是外村的经纪人,他们在青竹县都拥有本土社会关系网络,能够遵循乡土社会隶属关系来拓展销售范围、承担信誉担保,并成为化解收购商和小农户矛盾的润滑剂。

最后，在政府的支持下，青竹县通过柑橘文化节、电商平台和订单农业等多种销售秩序的拓展脱嵌于乡土社会，很多小农户无法享受到政策红利。当收购商和龙头企业借助政策支持实现强强联合后，吸纳一部分经纪人成为龙头企业的采购业务员，导致经纪人为小农户提供社会化服务的功能明显降低，形成了"去经纪人"的浪潮。显然，小农户失去了经纪人的帮助后，只能自行将柑橘运输到城市销售，或以低价出售给种植大户。在新的销售秩序下，小农户面临的挑战更加严峻，亟须寻求新的方式来适应市场变化和提升自身的销售能力。

第 **6** 章
柑橘全产业链转型对村庄社会的影响

中国农业的转型过程伴随着日益深化的商品化进程,也是各类资本不断涌入乡村,进而推动农业规模化和产业化的过程。在作物热潮的驱使下,乡村社会结构也在这一过程中发生剧烈转型,农民生计发展依附于乡土之外,新型农业经营主体的出现反而全方位地排挤和吸附小农户(陈航英,2020),农民群体分化愈加明显,转型过程中出现的社会矛盾亟须引起重视。在柑橘产业发展前期,农民是这一产业发展的主体,采用的是嵌入村庄社会的生产经营方式,政府辅以政策支持,在这一阶段,农资企业、雇工农场和商业企业较少渗透进乡村。但近 10 年以来,随着政府对柑橘产业的重点打造,以及各类资本的注入,资本下乡形成一股热潮,但年轻人返乡种柑的意愿并未显著提升。与此同时,柑橘与水稻的作物竞争,使得农民被迫完全卷入生活资料商品化的浪潮,资本对土地的占取也加剧了下乡资本与农民之间的矛盾。在下乡资本的运作下,乡村的社会生产发生变迁,小农户在柑橘产业场域的多方竞争中被逐渐排挤,生产经营方式也日益脱嵌于村庄社会。前文阐释了农业产业何以发展的社会机理,即"村庄社会"对"农业全产业链转型"的影响,本章将阐释"农业全产业链转型"对"村庄社会"的影响。

6.1　社会生产方式的新特点

农业产业转型对地域社会中人们的生产方式产生了深刻影响,柑橘产业已成为青竹县农民日常讨论的话题。

6.1.1　生产决策受到经济、政治和文化因素的多重影响

如前文所述,资本下乡导致了乡村社会的农民分化,不同类型主体的柑橘种植规模也存在明显差异。平均来看,小农户种植柑橘的规模在 10 亩以下,中间层的种植规模在 10~30 亩,大户的种植规模则在 30 亩以上。根据问卷调查(见表 6-1),柑橘经营主体的生产决策主要受经济、政治和文化因素的影响,在所有受访者中,选择"自己决策,认为收益较高"的占比最大,共有 42 人;其次为"政府号召"(21 人)和"祖辈沿袭"(20 人)。小农户的生产决策体现了理性主义下的保守心态,"经济收益"和"模仿他人"是决策的主要因素,分别为 16 人和 11 人,可以看出小农户种植柑橘既希望提高经济收入,又缺乏"敢于第一个吃螃蟹"的勇气,通常习惯于参考其他人的种植决策。相反,种植大户将"经济收益"放在首位(18 人),这类人群占种植大户人数的 62%。而中间层的生产决策受到多种因素的影响,其中经济收益因素(8 人)、政府号召因素(7 人)、家庭因素(9 人)占比较大。因此,不同阶层的生产决策差异较为明显。

表 6-1　柑橘生产主体生产决策考虑因素(单位:人)

生产决策因素	小农户 (<10 亩)	中间层 (10~30 亩)	种植大户 (>30 亩)	总计
自己决策,认为收益较高	16	8	18	42
政府号召	8	7	6	21
祖辈沿袭	7	9	4	20
模仿他人	11	3	0	14
安置剩余劳动力	1	0	1	2
其他	4	2	0	6
总计	47	29	29	105

6.1.2　超过半数的柑橘生产主体愿意引进新品种

青竹县素有"椪柑之乡"之称。在 20 世纪 90 年代和 21 世纪初,椪柑是

柑农选择的核心品种，但随着技术资本的引入，柑橘种类也日渐繁多，柑橘生产主体种植的种类也从"椪柑"向"杂柑"转变。从表6-2可见，椪柑的种植面积大约占柑橘总种植面积的五分之一，而且柑农种植椪柑的意愿正逐渐式微。相反，无论是种植面积第一还是第二的品种，春见的种植比例都是最高的，分别占48.6％和26.0％。而马克斗和其他新引进的柑橘品种，例如柠檬柑、南瓜柑和长叶橙等相对较少。由于邻县以丑柑为主要种植品种，且市场竞争力强，青竹县种植丑柑的比例最低。引进品种意愿的问卷调查数据显示（见表6-3），超过半数的柑橘生产主体表示愿意引进新的品种，其中种植规模大于30亩的生产主体意愿最高，占比达到86.2％，小于10亩和10～30亩间的生产主体在是否有意愿引进新品种方面比例相当，原因可能在于种植规模大于30亩的生产主体更加迎合市场，具有更强的冒险家精神，而种植规模小于30亩的小农户和中间层由于引进新品种的成本较高，同时对柑橘未来的市场发展具有不确定性，选择上偏于保守。

表6-2　柑橘不同品种的种植面积比例

品种	面积第一的品种频率	面积第一的品种百分比（％）	面积第二的品种频率	面积第二的品种百分比（％）
椪柑	19	18.1	17	22.1
丑柑	3	2.9	5	6.5
爱媛38号	10	9.5	11	14.3
沃柑	10	9.5	13	16.9
春见	51	48.6	20	26.0
马克斗	6	5.7	6	7.8
其他	6	5.7	5	6.4
合计	105	100	77	100

表 6 - 3　引入柑橘新品种意愿交叉(单位:人)

引入新品种意愿	小农户 (<10 亩)	中间层 (10~30 亩)	种植大户 (>30 亩)	总计
愿意	24	15	25	64
不愿意	23	14	4	61
总计	47	29	29	105

6.1.3　柑橘生产技术由粗放型向专业型转向

传统的柑橘生产技术较为粗放,柑农在用药施肥上难以把握剂量,也很少进行修枝疏果,这对产品质量造成了一定影响。农业转型也推动了农业技术的进步,农民在技术采纳行为上既具有趋同性,也体现出个体差异。2013 年后,在生产主体互相模仿以及政府的支持下,柑橘种植技术迅速从粗放型向专业型转变,虽然小农户的技术水平仍然相对落后,但从整体来看,技术进步为全县的柑橘生产者带来了可观的收益。生产技术专业型主要表现在以下三个方面。一是技术培训的强化。为推进柑橘生产的技术进步,地方政府、合作社和柑橘协会等组织经常为柑橘生产主体提供技术培训(见表 6 - 4)。在问卷调查的 105 个种柑主体中,高达 85 个种柑主体参与过技术培训。其中种植规模小于 10 亩的小农户有 61.7%参加过技术培训,10~30 亩的中间层有 93.1%接受过技术指导,而大于 30 亩的规模化种柑主体全部接受过技术培训。可见,规模越大的种柑主体接受的技术培训率越高,其主要原因是规模越大的种柑主体越能够获得政府技术支持,加之文化水平较高,对新技术的接受程度也较高。二是技术设施与技术工具的进步。在施药环节,传统的人工背药箱打药逐渐被机械动力打药所取代。对于一些不能承受−5℃的柑橘会选择白纸进行套袋,防止霜冻和鸟类啄食。在施肥方面,逐步从依赖传统农家肥或单一化肥,转向有机肥与化肥结合的方式;修枝工具也有所升级,由原来的不修枝或者剪刀修枝,升级为长柄剪刀或电动剪刀;在运输方面,由以前的人工运输,转变为在山上安装轨道运输设备。三是向生态技术的转型。自全县规模化种植柑橘以来,农药需求量呈现上升趋势,为了响应农药减量和满足消费者对绿色产品的需求,县政府也鼓励种柑主体多采用"绿色防控"物理防治技术,这些技术包括悬挂诱黄板、诱蝇球、捕食螨以及安装太阳能灭蚊灯等措施。

表6-4 柑橘经营主体接受技术培训交叉(单位:人)

技术培训	小农户 (<10亩)	中间层 (10~30亩)	种植大户 (>30亩)	总计
参加过	29	27	29	85
没参加过	18	2	0	20
总计	47	29	29	105

6.1.4 柑橘生产主体的种植结构选择趋向"非粮化"

随着全球农业商品化和工业化的发展,农业生产结构"非粮化"现象日益加剧,根据《中国统计年鉴》的历年数据分析,我国粮播面积不断减少,"非粮化"规模不断扩大且速度不断加快(何蒲明、全磊,2014)。有学者通过对东部、中部、西北、华北等地的调研发现,各类农业经营主体均偏向于流转土地种植利润空间较大的经济作物,"弃粮从经"的行为导致粮播面积相对减少(张藕香、姜长云,2016;薛选登、张一方,2017;易小燕、陈印军,2010;陈乔娜、孙宁波,2017)。位于西南地区的青竹县在大规模推动柑橘种植后,全县柑橘生产主体的种植结构也趋向"非粮化"。数据显示(见图6-1),2008—2019年间,青竹县主粮小麦和水稻的耕作面积呈下降趋势,尤其在2017—2018年,为响应国家鼓励种植大豆的政策,青竹县将一部分小麦地改种为大豆,并在柑橘地里进行大豆套种。但据相关部门人员介绍,全县粮播面积的下降趋势依然明显,最主要的原因还是规模化种植柑橘。青竹县不仅山地,许多原先种植水稻和小麦的田地和旱地也改种了柑橘。从数据可见,全县柑橘种植面积呈持续上升趋势。

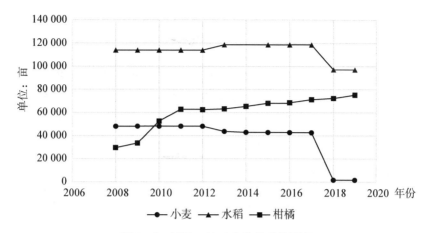

图 6-1　2008—2019 年作物种植面积

注:青竹县农经站历年统计数据(2008—2019 年)。

6.2　新型农业经营主体的兴起

正如前文所述,柑橘生产主体趋向"非粮化",该现象背后的主要原因在于种植经济作物能够获得更高的收入来源。为了提升农民收入和农业产量,地方政府大力推动农业的商业化发展。传统农作物的商品化进程反映了农民家庭致富逻辑的转变,为了平衡利润与市场风险,传统小农户通常会保留部分土地满足家庭自给自足的需求,再将剩余的土地用于种植高附加值的商品作物。然而,由于小农户的产量较小,有限的土地和资金难以实现资本积累,导致他们在单位成本和对接市场等方面均不占优势(夏柱智,2015:145-147)。小农户通常是在满足家庭消费的基础上选择种植商品作物。也正因如此,小农户难以实现农业规模化的成功,地方政府也更倾向于扶持工商资本下乡参与生产环节,通过吸纳农民务工和土地租金来带动小农户获利。

资本下乡加剧了农民的分化进程。政府为下乡资本提供的优惠扶持项目也吸引了众多小农户的关注,许多农户借助社会的关键性资源,尤其是经济资源和政府资源,效仿下乡资本的经营模式,不断积累资金来推动与外部市场的关联,进而实现规模化的商品作物种植,新型农业经营主体种植逻辑迥异于小农。调查显示,青竹县的柑橘种植主体以小农居多,然而,在土地规模方面,经营面积在 50 亩以上的龙头企业和种植大户所经营的土地总面积远远超过小农的总经营面积。大户拥有相当丰富的社会资源和经济资源,能够有效摆脱生存压力,生活较为殷实。同时,他们的活动范围超越了本村,建立了广阔的社会网络。青竹县柑橘产业的兴起也催生了各类新型农业经营主体的出现,其中鲜鲜果园和橘香果园呈现出典型的新型农业经营主体特征。前者是自下而上式,由本地乡村经营发展为新型农业经营主体;后者则是自上而下式,由下乡资本投资经营形成果园。

6.2.1 潘秀荣夫妇经营的鲜鲜果园农场

潘秀容在 1982 年率先开始种植柑橘。那年的她高中毕业,遗憾的是差 2 分没有被大学录取,便在县中学成为一名物理老师。1985 年,潘秀容与郑学才结为夫妻,婚后二人利用承包田开始种柑橘,后来又承包了 12 亩集体果园,1 年的租金是 45 元,当时雇工费低,雇工工资为 2.5 元/天,而椪柑能够卖到 1 元/斤,夫妻二人收益颇丰。承包期满后,集体果园不再由他们承包,潘秀荣就利用家里的几亩田继续种植柑橘,同时筹集了 2 500 元进县城开了一家专门销售青竹椪柑的店面。由于潘秀容是劳务合同制的代课教师,后来随着学生人数的减少,就被学校辞退了。她就边种果树边学习,后来考上了公务员,先后担任罗坝镇镇长和县科协主席。退休 2 年后,潘秀容就全身心投入种植果树和销售柑橘中。2015 年,潘秀容注意到回乡投资种植柑橘能够获得政府的项目支持。多方打听后,决定与丈夫在村里流转土地种植柑橘。夫妻二人在河坝乡承包了三个椪柑基地,第一个是以她丈夫名字命名的家庭农场采摘园,20～30 亩;第二个是岷东大道旁的果园,100 亩,潘秀容承包土地后,再把土地分包给朋友和亲戚耕种,按照股权分配收益;第三个是位于潘秀容出生地柳村的果园,在原来家庭承包地基础上流转土地种植柑橘,规模相对前两个较小。潘秀容负责柑橘销售,丈夫则负责果园管理。潘秀容夫妇很快就从家庭承包地种植的小农户转型为规模化的新型农业经营主体。两人能够在短期内实现跨越,原因主要有三个:一是潘秀容曾是公职人员,丈夫在农村务农和经营门市,也是当地的乡村精英,这类经营主体获取有利于柑橘产业发展的信息能力较强,尤其能够把握政府对柑橘产业发展的支持政策;二是潘秀容夫妇是本地人,与乡镇干部和村民都比较熟悉,流转土地的过程更为便利,在经营过程中,他们与村民打交道也较为顺畅,因而很少出现社会矛盾;三是潘秀容曾任职科协主席,具备较强的对外交往能力和社会关系网络,能够邀请到四川农业大学果树学教授前来指导,优先获取政府支持的改土、种苗补贴等项目资源等,同时他们还加入罗军成立的柑橘产业联盟,以低价购置柑橘种植所需的农资产品。

6.2.2　彭涛经营的橘香果园

彭涛,57 岁,曾在县城的新华机械厂工作。2003 年,该公司被收购后,他和弟弟前往拉萨从事土建工作。2017 年,彭涛觉得柑橘的市场前景好,便决定下村承包果园,于是选择两个乡村承包 500 亩果园,流转的土地涉及 200 多户,每亩租金 400~600 元不等。在此过程中,彭涛的朋友田阳帮助他与村两委进行交涉。在村两委的支持下,彭涛又和当地的农业农村局联系,争取到了高标准改土的项目资金。筹备工作完成后,彭涛参与了村委的会议,经过村民同意,彭涛和村委签订土地流转租金协定。虽然其中也有 5~6 户不愿意流转,担心在改土过程中会对土地造成损害,但最终在村委的协调下也顺利达成协议。为了能够顺利在村里种植柑橘,彭涛也积极参与村里的各类活动,例如在重阳节和端午节,他会出资支持老年协会开展活动。橘香果园的 500 多亩土地在开荒过程中,最多使用 8 台挖掘机同时作业,开荒费用共计 600 多万元。原先山上种植的是成片的桉树,农户将土地流转给彭涛后又在果园里务工,每个月能拿到 2 000 多元的工资。在田阳的建议下,彭涛又向政府申报了公司和家庭农场,因为新型农业经营主体能够获得政府的帮扶。例如,注册公司后可以享受高标准的农田建设补贴,而家庭农场注册后则可以享受粉碎机奖补、苗木奖补和家庭农场专项补助。经过田阳的介绍,彭涛认识了罗军,也加入了柑橘产业联盟,拿到了低价的农资产品。同时罗军也给彭涛介绍县外的农业雇工,并在技术方面给予相应的支持。目前,彭涛果园里雇用了当地的三位村组长作为管理员,并聘用罗军担任果园的技术指导。在多方力量的支持下,彭涛成功地将果园扎根于当地,果园的规模越做越大。

鲜鲜果园和橘香果园的兴起都是利用地方关系网络实现了从传统经营向现代经营的转型，进而成了产业场域内的中坚力量。与下乡资本相比，内生性的力量由于具有本地人的特殊身份，在流转土地、项目支持等方面享有相对优势。

6.3　脱嵌的村庄社会：景观改造下的农户生计发展

6.3.1　乡村步道改造与转型

B柑橘专业合作社的理事长刘翔生于20世纪70年代，早年和妻子在云南一家日企工作。孩子出生后便返回成都，在八一家具厂从事销售工作。2008年四川地震后，成都的经济受到了影响，加之需要照顾父母和孩子，于是夫妻二人决定返回青竹县创业。他们先是养了一年兔子，然后在乡镇上经营了两家门市，专门销售和维修家具。2012年12月，刘翔当选为村文书，希望能够为村庄做些实事。恰逢青竹县在2013年发布了《青竹县加快椪柑产业发展实施意见》，刘翔立即响应政策号召，决定让建筑公司开垦荒山，种植柑橘，第一年投资了600多万元。经过多年的发展，刘村在柑橘产业上"先试先行"的做法引起了县农业农村局的关注。2015年，县政府为支持刘村柑橘产业的发展，为B柑橘专业合作社提供了项目资金，刘村因此也成了县政府重点打造的"示范村"。2016年12月，刘翔当选为村党支部书记。

B柑橘专业合作社成立于2014年12月，成员出资101万元，现有社员178户，其中包括25户建档立卡贫困户，2017年，合作社被评为省级示范合作社。合作社现有柑橘种植基地5000多亩，其中标准化兼绿色防控基地2000多亩。同时，合作社还建有占地1500平方米、具备400吨货物仓储能力的鲜果冻库，并已获批"橘香百家"注册商标和无公害农产品证书。2014年在全县鼓励重点发展椪柑产业的政策指引下，刘村7组和8组发起了"退巨桉，种果树"运动。两个村民小组共开垦标准果园2000多亩，其中连片经营面积最大的300多亩。在2014年建社之初，只有5名社员，基地面积共300亩，以椪柑、爱媛等柑橘品种为主。由于生产管理水平和柑橘品质较低，产品市场销售价格不高,成员收益低,从而影响了他们种植柑橘的积极性。此外,社员们对合作社的工作和管理知之甚少,合作社的发展举步维艰。为摆脱这一困境,合作社成员多次讨论发展方式,刘翔也积极外出参加各类培训,以不断增强自身的管理水平。刘翔还通过"请进来、走出去"等交流学习方式,培养了一批骨干成员和专业技术人员,成为合作社发展的中坚力量。在柑橘品种上,合作社逐步引进了适应消费市场新需求的优良品种,如爱媛38、春见、不知火、马克斗和沃柑等。此外,B 柑橘合作社还依托县政府的农业专项资金,建起了冻库,配备了农残检测室、喷滴灌设施、运输小火车等农业设施,有效提高了柑橘种植的机械化水平和产品品质。

但值得注意的是,合作社的发展并非一帆风顺。尽管合作社计划打造"统一农资、统一技术和统一销售",但这一目标始终未能实现。究其原因在于,项目驱动下的示范村建设加重了部分村民的负担,政府视角下的产业发展和农民视角下的生计发展形成了一些矛盾。在农民看来,许多项目设计与乡村自然环境和农民的实际需求脱轨,这些工程并没有为小农户带来实质性福利,反而只有部分大户从中受益。

> "上面观景台的蓄水池并没有水,很多滴灌的管道都被别人给挖走了,如果这些管道真的有用,没人会偷的。还有那个小火车(输送柑橘的轨道),一次也没有用过,外壳都生锈了。这些东西全是摆设,主要给外面来参观的人观赏的,实际对我们老百姓用处不大,设施铺设还占用了我们的土地面积。"(20200616 - ZLE)
>
> "我们种好自己的果树就行了,但现在整个村都变得很现代化,每家的房前屋后都必须按照政府的要求来建,不定期还会有上级部门和外地企业前来参观,我们的生活习惯都被改变了,环境整治的严格要求也增加了我们的心理负担。"(20200617 - CX)

具体来看,村里的步道修建是矛盾之一。在示范村的规划设计中,要求在村里修建一条步道,而部分农民用于种植柑橘的土地因此需要被征用,虽然征用的范围并不包括道路一侧的景观设计,但施工方却在道路一侧种上

景观花卉,这些花卉反而包围了柑农栽上的柑橘苗(见图6-2),两个柑农生气地谈道:

图6-2 刘村改造后的道路景观

"我们当时已经栽好了树苗,但在扩修道路时却把柑橘树挖了,这些果树买农药、化肥、套袋花了很多钱,而且已经满三年开始挂果了。当时承诺把果子收走按照4元/斤帮我们销售,但到现在也没有给钱。后来免费给我们在路边种上了小树苗,但我们还要重新养三年,一点赔偿都没有。明年计划退出合作社了,会费也从100元涨到200元了。"(20200617-ZXH)

"修路对大家都有好处,当时我们都同意的,但是当时说10天之内给补贴,到现在都1年了也没给。建设步道占用土地的钱可以不给,大家都享受到了好处,但是柑橘树挖走了到现在也没给钱,当时说小树50元/棵,大树200～1 000元/棵。我山上有7棵大树,每棵年产椪柑200～300斤。小树我们可以移栽,结果当晚开会后第二天就把树挖完了,根本来不及移栽,明年我也不参加合作社了。"(20200617-CMX)

像曾阿姨和李姐这样的对柑橘合作社有意见的小农户不在少数,脱离村庄社会的合作社很难获得农民的信任,这是小农户难以形成合作的重要原因之一。

小农户主要关注生存性资源,而经营主体则更倾向于发展性资源,当发展性资源挤压农户的生存处境时,便会引起社会矛盾(谭明方,2005)。随着刘村被地方政府定位为"示范村",乡土社会结构也发生了剧烈变化。一方面,地方政府为刘村嵌入项目,乡镇为刘村嵌入制度,村支书接受上级对刘村的规划和考核,成为项目实施的代理人。在政府规划下,实施了土地征用、道路扩建、景观改造等设施改造。这些规模化、产业化和现代化的乡村产业规划,因为与部分农户原先的生计发展有悖,导致发展型乡村精英和生存型的小农户之间产生了一定的矛盾。

6.3.2　冷链物流项目与征地

在青竹县 2019—2023 年的《椪柑现代农业园区建设总体规划》中,明确提出要构建以园区冷链仓储物流中心为核心、辐射全县的椪柑冷链物流体系。规划还强调,以综合性、专业性农贸、批发市场为基础,并以农产品场地集散点为节点,构建完善的园区"三级"仓储物流体系,最终形成以椪柑园区冷链物流基地为核心,辐射全县的冷链物流发展格局。

项目建设主体为县政府引进的知食链管理有限公司,负责建设占地 120 亩的柑橘冷链物流园区。园区所产柑橘全部经过清洗、分级、包装、筛选、预冷等初加工处理,产地初加工率达 92.5% 以上。园区规划建设水果分选、清洗、包装等生产线 3 条,冷藏气调库 30 个,使商品化处理能力达 20 万吨/年。全县将冷链物流作为公共服务设施纳入土地利用总体规划,并在建设用地规划、项目选址等方面予以政策倾斜。园区建成后,冷链物流将会交由县政府重点扶持的青竹县神果有限公司开展运营,以支持龙头企业在县域柑橘产业现代化发展中发挥核心作用。

2019 年,冷链物流项目建设正式开始实施,率先开展的便是征地工作,项目所征土地范围涉及刘村 8 组的农民,在政府征地后,这些柑农成了无地或少地农民。在国家话语体系中,失地社保是被征用土地农民的替代性保障(邓燕华、张莉,2020)。"先保后征"是国家在征地过程中的制度性安排,以此保障失地农民的长久生计和社会稳定。但在土地征收程序上,依然存在立法层面上的公开不够、参与不足和有失公平的缺陷,在实践层面上程序烦琐、效率低下和违法征地的弊端均导致征地纠纷不断(王书娟,2014)。青竹县政府在物流冷链项目的实施中同样经历了征地冲突。

刘村8组120亩土地的征收原计划采用失地社保和补偿款并行的方式进行。村委会先是召开村民大会,向征地农户告知失地社保和补偿款的基本制度,凡是土地面积达到9分地的农民均可享受一个社保名额,社保名额总计为68个,按占地面积从大到小排序,名额排满为止。未能获得失地社保的农民将按照每亩2万元的标准获得补偿款。当时,农民都同意这项政策,并在承诺书上签了字。然而不久后,村里通知失地社保的补偿规则发生了变动。新规则提出9分土地已不再符合购买社保的标准,取而代之的是满足1.76亩的土地面积获得一个社保名额,同时社保名额也从68个缩减至38个。由于刘村人均土地面积较少且分散,许多农户平均只有几分地,为了达到1.76亩的标准,农民之间开始出现了土地买卖,以换取社保名额。一位购买社保的失地农民介绍:

> "当时我们都达不到1.76亩,每家也就5~6分地,为了凑够1.76亩,我们就以2万元/亩的价格向他人购买土地,一些常年在外打工或者家里土地很少的家庭愿意出卖土地。比如我家里有1.26亩地,但是不满足1.76亩的要求,正好邻居有5分,那么我就按照2万元/亩的标准支付给他费用,凑够1.76亩土地。凑够面积后,还要出5.8万元来购买一个社保名额,这样加起来我一共花了6.8万元。从去年10月份开始,政府每个月给我1600多元。"(LXJ-20200618)

由于购买社保的基础面积和名额缩小,想要购买社保的农民就需要从其他农民那里购置更多的土地。然而,家庭经济条件差的农民无力承担高额的购买成本,最终只能把土地卖给其他人。38个名额远远不能满足失地农民的需求。因此,在2020年3月份,刘村因为征地问题激发了矛盾,许多未能购得社保的失地农民阻拦冷链物流项目的施工。一位未能获得社保的农民表示:

　　"我们真是气不过,但最后也知道事情闹大了不好,只能认倒霉。我们家7口人,我姐姐有残疾,还带个孩子,我妈妈也是残疾。我们买不起地,也不符合购买社保的要求,家里的1亩2分地只能卖给别人了,但我妈都57岁了,没个社保也没个土地,以后生活该多困难。"(LSD－20200618)

　　刘村8组的许多农民失去土地的同时也失去了社会保障,成为种柑无地、就业无岗和社保无份的人群(廖小军,2005),虽然征地问题最后和平解决,但一定程度上也影响了乡村社会和谐、健康和稳定发展。

6.4　小结

　　资本下乡推进使乡村社会遭遇传统与现代、本土与外来、理想与现实等多重因素的影响(米正华,2013)。柑橘产业转型对村庄社会造成的影响主要体现在以下三个方面:一是社会生产方式出现了新的特点。不同类型的农民在生产决策上受到市场收益、政府号召和祖辈沿袭等多种因素的影响,超过半数的柑橘生产主体愿意引进新品种,柑橘生产技术趋向于专业化,这些特点进而引起农业种植结构向"非粮化"发展。二是农村新型农业经营主体兴起。在下乡资本的影响下,少部分农民通过模仿资本下乡的经营方式,逐渐成为在地精英群体。他们借助政府资源,通过土地流转实现了农业的规模化和产业化经营。三是下乡资本脱嵌于村庄社会的经营方式造成了一些社会矛盾。有些村干部成为县政府项目执行的代理人,他们先将项目资源落地到"示范村",再由龙头企业或种植大户负责完成项目目标。这一过程并不合理,会引起农民和村干部之间的矛盾,使小农合作失去信任基础。此外,为延长产业链条,政府协助龙头企业征地建立冷链物流,部分农民因此失去了土地,未来的生计也难以获得保障。显然,当资本下乡进入村庄后,原本稳定的村庄社会结构被打破,在政府的支持下,龙头企业的规模日益扩大,脱嵌于乡村社会的精英方式导致小农户的主体地位和话语权日趋衰落。

第7章
结论与讨论

　　向规模化和产业化转型是中国众多县域发展农业的主要方向。农业如何实现转型,以及借助何种资源实现成功落地是本书研究的重点。本书以青竹县柑橘种植向规模化和产业化转型为例,试图揭示在中国农业转型过程中下乡资本的作用,分析资本下乡何以采用脱嵌于村庄社会的方式实现全产业链的覆盖,并探讨这一过程如何瓦解嵌入乡土社会,以家庭成员为基础的传统经营方式。

　　在资本力量的推动下,农业产业转型过程发生在特定的产业场域,场域中占据不同位置的行动者(政府、企业和农民)都处于特定的社会场景中,他们的经济行动都被社会结构因素所形塑。任何形式的农业转型中的经济活动都具有总体性社会事实的特征,这些特征只有在实践的产业场域中才能充分显现,所以需要选择特定的产业,并从微观视角去厘清资本嵌入下农业转型的嬗变过程,揭示转型中资本参与的农业经营组织脱嵌于乡土社会结构的过程机制。

　　第2章到第6章是本书的核心部分。在第2章,笔者介绍了青竹县柑橘产业的历史嬗变,即柑橘产业转型的阶段性特征,并阐释了柑橘种植作为县域主导产业合法化的内在机制。这一机制具有明显的社会性特征,包括技术扩散、经营主体转型和传统种植文化。正是基于这一事实,第3章到第5章探讨了资本下乡进入柑橘产业场域并推动农业转型的实现路径。研究发现,资本的足迹遍布农业的全产业链,首先进入生产环节,然后向上游和下游延伸,在这一过程中,通过对小农农业的替代,实现柑橘种植的规模化和产业化发展。在此背景下,嵌入村庄社会结构的传统种植方式逐渐式微,小农户失去了种植柑橘的主体性。第 6 章则展现了农业转型对村庄社会的影响。

笔者对资本下乡与农业产业转型中的结构变迁进行了阐释。虽然青竹县的柑橘产业转型只是全国众多案例中的一隅,但基于全国地方政府的发展规划和农业产业的转型方向,考察一个县域农业产业转型中的结构变迁,对探究全国农业产业转型的方向具有启发性价值。

7.1　主要结论

7.1.1　嵌入乡土社会结构的小农模式

小农模式是嵌入乡土社会结构的经营方式,这一经营方式受到结构性因素的制约。首先,在生产环节,小农户采用家庭经营组织方式,这种方式无论在土地流转还是劳动力配置上都遵循乡土道义逻辑,家庭经营所形成的不同类型的劳动力组合由家庭生命周期的差异而决定,家庭成员并不核算土地和劳动力成本。反观雇工资本进入农业场域后遭遇土地纠纷、偷盗等社会困境,这些困境源自资本处于农业社会差序关系的外圈,资本和农民之间形成的是工具性的弱关系。

其次,在生产资料供应阶段,小农户起初使用的是土家肥和土农药,随着农资市场化的兴起,农户逐渐开始使用化工产品。许多农资经销商为能够顺利进入乡土社会,采用请客吃饭、免费技术培训和赊销等策略,这些行为背后是乡土社会的软约束力的作用。可见,农资经销商与小农户的交易行为背后潜藏着结构性因素的影响。

最后,农产品收购商和小农户对接存在许多阻力,农产品经纪人成为收购商与小农户实现对接的主要桥梁,农产品收购商借助经纪人在当地的声望,完成与小农户的产品交易。可以看出,小农户遵循的是内生于本土社会结构的生产经营方式。即便在高度商品化的当下,农户与外界市场的对接行为,包括产前的农资购置和产后的产品销售,仍然源自村庄的结构要素。

7.1.2 脱嵌于乡土社会结构的农业产业转型

资本参与下的柑橘种植脱嵌于乡土社会结构，这种方式旨在推动农业向规模化和产业化转型，最终带来柑橘产业的"去小农化"和脱嵌于村庄社会的产业发展。

首先，资本进入生产环节，地方政府以项目制为下乡资本从事规模化的雇佣经营提供便利。在资源分配不对等的情况下，下乡资本与小农户之间形成技术区隔，小农户逐渐丧失生产优势，社会形成了"去小农化"的趋势。此外，资本经营主体通过关系控制和制度约束来规范雇工的行为，一定程度上瓦解了传统家庭经营方式的自由度。

其次，资本在生产环节取得成功后，为解决农资成本过高的问题，开始向上游延展，成立了以规模化经营主体为成员的产业联盟，使其能够直接与厂商对接获取低价的农资，而小农户由于经营面积较小，被排斥在组织之外，导致其生产成本相对较高，在销售市场上无法获得价格优势。此外，为了能够实现规模化发展，龙头企业采用订单农业的方式，将小农户的生产技术、农资采购和产品销售牢牢把控。这一计划打破了小农户和农资经销商长期基于乡村社会基础的交易模式，使小农户的主体性逐渐丧失。

最后，资本向下游延伸，柑橘文化节、电商营销和订单农业成为新的销售模式，这些模式使种植大户、龙头企业与农产品收购商直接对接，导致农产品经纪人的获利空间减小，"去经纪人化"导致小农户外销的渠道减少，最后被迫选择将柑橘以低价卖给龙头企业，而企业再以高价卖给农产品收购商。可以看出，资本经营完全以企业化模式开展农业产业经营，推动农业向规模化和产业化转型，这种经营方式脱嵌于村庄的社会结构，最终导致了"去小农化"的趋势。

7.1.3 县域农业转型中的"资本—行政—农民"关系

在中国县域农业转型过程中，乡村熟人社会对资本下乡会造成一定的阻力，但下乡资本并不会因为社会阻力而停止行动。相反，资本通过整合县域资源，搭建了适合自身发展的平台。格兰诺维特指出，影响人们行为的因素是具体的社会关系,经济活动嵌入具体的社会关系,网络关系的强弱、重复性会影响不同的行为,网络的职位、结构的不同会导致不同的内化过程,从而使人们在不同的情景下产生不同的行为(周雪光,2003)。以龙头企业和种植大户为代表的经营主体在选择特定乡村作为柑橘规模化种植地时,需要借助个人社会关系网络。这些关系网络可以通过已在当地完成规模化经营的亲友介绍,或依赖地方政府对新型农业经营主体的政策支持来建立。

同样,地方政府肩负着分包任务和绩效考核的双重责任。政府需要进行项目动员,促进其与社会的联系,具体方式包括吸引精英以实现项目运作,建立社区自组织以提高项目效率,以及树立典型社区以展示项目成效等。基于此,政府运用行政力量鼓励资本下乡经营农业,利用其雄厚的财力和运营能力实现项目落地,促进地方经济发展。例如,青竹县政府为资本下乡提供高标准农田补贴、机械装备项目资金和电商运行资金扶持等,吸引了大量外来资本投资柑橘产业,改变了村庄土地细碎化的现状,实现了政府完成现代农业发展的既定目标。

地方政府在农业全产业链上为资本提供了项目配套支持。但是,脱嵌于乡村社会结构的下乡资本对本地农民造成了排挤。随着城镇化步伐加快,农业出现了"过密化"趋势,外出务工农民则将闲置的土地流转给亲戚和朋友耕种,形成了基于社会信任的自发性土地流转,流入土地的农民实现了土地资源的灵活配置(冯小,2015)。

但是,自发性土地流转难以形成现代农业所需的规模效应,很难完成农业现代化的基本目标。为此,政府便积极鼓励资本下乡开展规模化经营实践。但资本下乡一定程度上破坏了自发性土地流转秩序,同时排挤了当地小规模的农业群体(冯小,2015)。这些小农在和资本的竞争中处于弱势地位,不得不放弃土地,转而成为资本农场的雇用工人。雇主和雇员之间形成了劳资关系,但极少存在情感式互动,雇主通常利用当地人,例如村组长,来协助管理果园,因此雇主和雇员几乎不见面,再加上雇主缺乏乡土的血缘和地缘关系,这就造成了雇主与雇员的疏离感。

此外,资本对小农存在一定排斥性。资本牟利性经营逻辑和农户嵌入村庄结构的经营逻辑截然不同,资本有通过规模化经营替代原有的家庭经营方式的趋势。因此，无论在农资购置、生产管理和销售渠道上，资本都在不同程度上对农户存在挤压。

7.2　政策建议：小农户如何与现代农业有机衔接

立足于"大国小农"的基本农情和农业现代化发展的战略定位，党的十九大报告明确提出要加快现代农业的体系建设和制度建设，实现小农户和现代农业发展的有机衔接。在此基础上，2019年中办、国办印发的《关于促进小农户和现代农业发展有机衔接的意见》中，就如何提升小农户发展现代农业的能力，加快推进农业现代化以及完善小农户扶持政策提出了相关意见，为各层面的涉农主体进行农业发展提供了参考。当前，小农户经营在中国农业生产中仍占据主导地位，并且这种趋势还将长期存在，为实现乡村全面振兴，正确认识县域农业转型中小农户与现代农业有机衔接的具体模式与发展走向，成为一个兼具理论价值与现实意义的重大政策命题（陈健、苏志豪，2019）。

小农户与现代农业有机衔接并非完全是经济学命题，同样也是一个社会学命题。经济学家将经济理性和效用最大化行为与市场画等号，这种普适性逻辑忽视了经济发展中历史传统和人际互动的演进过程（符平，2013），因此具有很大的局限性。波兰尼提出，经济体系嵌入社会结构，经济是一个制度化的过程，市场不过是经济生活中多种制度模式之一（波兰尼，2007），这表明社会结构对经济行动具有约束作用（赵琼，2009）。徐宗阳（2019）在对资本下乡的经营实践中发现，不同承包人之间的关系结构和风气，影响了他们对雇工或换工的选择，进而导致了产量差异，与地方小农户互通通畅，才是扎根乡土、落地成功的关键条件。李耀锋（2020）则认为，内生型和外生型新型农业经营主体嵌入村庄社会存在差异，相较而言，内生型新型农业经营主体兼具经济属性和社会属性，更能满足小农户衔接现代农业的需求。

小农户与现代农业有机衔接，作为一种鼓励小农内生发展及多元主体合作形式的农业发展规划，是改造小农户的表现形式之一。在整个供给侧改革的体系中，它承担了重要的"依托"功能。依据乡村振兴战略所提出的

"产业兴旺、生态宜居、乡风文明、治理有效、生活富裕"的总要求,小农户在与现代农业的衔接过程中,可以结合地方发展实际,从以下四个方面进行完善。

7.2.1 立足农民传统,从"去小农化"向"再小农化"转变

在过往的经济体系中,小农户被视为弱势的劳动力要素,因其与现代农业的规模生产和成本节约导向不相适应,从而导致"去小农化"成为政策话语和社会实践的必然选择。经过一系列阵痛和反思,近年来,党的十九大报告及 2019 年中央一号文件等,均在国家政策层面明确释放要重视小农户的信号。人们逐渐从单一的生产要素视角拓展为社会结构视角,进而发现小农户身上的多元价值。那么,在破除刻板印象之后,我们应该如何定位小农户呢?欧洲从 20 世纪末开始至今正经历着普遍的"再小农化"过程,这似乎指明了小农户与现代农业的共生方向。"再小农化"是指在农业活动受到挤压、边缘化、退化和依附等背景下,让农业重新贴近小农,其特征是"新小农"拥有自主的资源库,具备生产积极性,匠人精神占主导,农业活动与自然、社会和谐发展,呈现消费关系以外的多样社会关系,这些特性使小农户获得强大的生命力(范德普勒格,2016)。在欧洲经验的基础上,我国小农户也可尝试进入"再小农化"的过程。但值得注意的是,欧洲语境下的"新小农"是具备一定能力的农场主,在借鉴"再小农化""新小农"概念时,我们要做本土化处理,立足于我国农民的传统,保持文化自觉,具体而言,可以由我国的小农户自主转变为"新小农",由家庭农场扩大为"新小农",在理念、生产和经营等方面,实现传统与现代的融合,从而更好地实现小农户与现代农业的有机衔接,形成具有中国特色的发展道路。

7.2.2 重识农业价值,从"单一功能"向"多种功能"转变

振兴乡村,促进小农户和现代农业有机衔接的前提之一,是要重新认识农业的价值。在过去很长一段时间里,人们对农业的认识往往局限于其粮食生产功能,而忽视了其在促进劳动力就业、提供优质原材料、传承传统文化、保护生态环境、提供休闲娱乐、协调城乡发展以及稳定国家战略等方面

的重要作用。小农户与现代农业有机衔接的活力便在于依据农业的多种功能而创造出巨大的产业增值空间。由此，我们不仅要建设发达的农业，还要发展完善的非农产业体系，推动农业向第二、第三产业延伸，促进农村一二三产业的融合发展，从而实现农村产业体系的全面振兴。

农业与工业相融合并不是一条简单的西方式的农业工业化道路，而是符合中国国情的农村工业化路径。费孝通曾提出，苏南地区通过恢复乡镇企业来增加农民收入并解决中国的农村和土地问题，之后，他在对中原地区进行调研中又发现了在不脱离农业基础上发展起来的庭院经济，这种模式是从手工业和副业，逐步发展到农产品的深加工业，对促进农村经济发展具有重要意义（费孝通，1999）。除了苏南模式和庭院经济外，还有以家庭工业为主的温州模式以及以"外向型"工业为主的珠江模式等。因此，产业融合存在着深厚的历史渊源和可为空间，引导和支持小农户参与产业融合，需要在不脱离农业基础的前提下，因地制宜地发展工业，尊重中国乡村社会发展的多样性、复杂性和个别性。

近些年，特色小镇和传统村落的发展为小农户衔接第三产业提供了契机，成为培育农业农村新功能的主要抓手并有效地促进了城乡交流。因此需要在突出市场主体运作和发挥政府引导及支持的基础上，立足农业多元价值，挖掘本土特色，发展文化创意农业，叠加旅游功能（郝华勇，2018），从而有效提升当地剩余劳动力的就地就业能力，最终切实增加小农户的收入。

7.2.3 整合社会资源，从"自我服务供给"向"社会服务供给"的转变

健全农业社会化服务体系是稳定小农户衔接现代农业的战略引擎，农业社会化服务体系是各要素的"黏合剂"，能够将各要素进行科学的重组和分配，释放市场经营的风险压力，调和小农户经营和社会化大生产之间的矛盾（李春海，2011）。同时，这也是保障农村社会秩序良性运行和改善乡村治理环境的可靠途径（赵晓峰、赵祥云，2018）。为此，我们需要通过优化农业社会化服务体系来引领小农户发展，改变小农户生产服务自我供给的限度。

其一，针对不同类型农户的需求，发展专业化服务组织，将产业型政策和社会型政策结合起来，鼓励本地农民返乡创业，强化农业社会化服务体系

的人才力量(苑鹏、丁忠兵,2018)。

其二,构建社会化服务体系的体制和机制。在体制建设方面,政府应引领乡镇农业服务机构改革,打破部门和领域界限,整合服务资源,各部门相互联动,打造维护农户利益的有效组织载体,并加强农业社会化服务的法治建设(高强、孔祥智,2013)。此外,还需通过完善运营机制、利益协调机制和保障机制来发挥社会化服务体系的长效作用。

其三,改善基础设施建设。政府需要强化农业信息化建设,打造社会化共享服务平台,加强水利设施和道路建设,创立农业社会化服务中心,为小农户在生产的薄弱环节提供服务支持。

7.2.4 创新合作形式,从"单一合作社"向"合作联合社"转变

为了满足日益多元的市场需求,抵御复杂的外部风险,还需要创新出更具有竞争力的小农户组织主体。农民合作是我国组织建设的宝贵经验,据统计,我国农民专业合作社数量达 193.3 万家(成岚,2017)。由多个小农家庭组成专业合作社,再由多个专业合作社组成"合作联合社",是一个可行的发展方向,能进一步释放小农户的合作潜力。2017 年 12 月新修订的《中华人民共和国农民专业合作社法》规定:三个以上的农民专业合作社在自愿的基础上,可以出资设立农民专业合作社联合社。此项规定赋予了联合社合法的地位,并提出了多项指导条规。在实践过程中,农民已经初步形成多样的联合社形态,包括生产型联合社、销售型联合社、产业链型联合社和综合型联合社(刘同山等,2014)。联合社有助于促进资源共享,降低交易成本,扩大市场,强化产业联合与链条延伸。这种组织形式提高了小农户的市场谈判能力和品牌影响力,从而为其带来了十分可观的经济前景。在推动专业合作社向"合作联合社"转型时,需以文化为魂,以组织为纲,注重文化和制度建设。这包括完善入社规章,确保在利益分配时兼顾效率和公平,特别是应留存一部分盈利用于设立公共服务金,以支持社会服务的开展。例如,一些联合社创办养老院、幼儿园,并开展各类文体活动。由此可见,无论是在合作主体数量,还是合作领域和范围上,小农户均能实现有效联合,从而真正享受到与现代农业衔接所带来的红利。

附　　录

附录一：柑橘种植户调研问卷

柑橘种植户：

您好！本问卷由中国农业大学人文与发展学院博士生设计，旨在对青竹县柑橘产业发展过程、机制、组织方式等进行学术研究，为青竹县柑橘产业发展建言献策。感谢您对问卷的填写，我们会对您的个人信息进行保密。本问卷所有问题没有对错，感谢您的回答。

注：在选项内打"√"或在_____上填空。

1. 您所在的位置：_____镇（乡）_____村_____组

2. 性别：　　A. 男　B. 女

3. 年龄_____岁

4. 文化程度：

A. 不识字　B. 小学　C. 初中　D. 高中或中专及以上

5. 户口类别：　　A. 农业　B. 非农业

6. 您是否有外出打工的经历？

A. 有　B. 没有

7. 您的身份是（多选）：

A. 村干部　B. 党员　C. 退伍军人　D. 转业干部　E. 普通村民

F. 外来人员

8. 您种植柑橘的种类(多选):

A. 椪柑　B. 不知火/丑柑　C. 爱媛38　D. 沃柑　E. 春见/耙耙柑

F. 马克斗/二月红　G. 其他_____

9. 这些品种中,

9.1　柑橘种植面积第一大的是:

A. 椪柑　B. 不知火/丑柑　C. 爱媛38　D. 沃柑　E. 春见/耙耙柑

F. 马克斗/二月红　G. 其他_____

9.2　柑橘种植面积第二大的是:

A. 椪柑　B. 不知火/丑柑　C. 爱媛38　D. 沃柑　E. 春见/耙耙柑

F. 马克斗/二月红　G. 其他_____

10. 您种植柑橘的决策主要是基于什么考虑:

A. 自己决策,认为相对收益高　B. 祖辈们一直种,沿袭下来　C. 看见别人种自己也种　D. 响应政府号召　E. 安置家庭剩余劳动力　F. 其他

_____

11. 您的果园是不是实现了统防统治,统一管理?　A. 是　B. 否

12. 您家是否成立了家庭农场?　　　　　　　　　A. 是　B. 否

13. 您是否加入了合作社?　　　　　　　　　　　A. 是　B. 否

14. 您家除了种柑橘,还种哪些作物?（多选）

A. 没有　B. 粮食　C. 蔬菜　D. 其他水果　E. 其他_____

15. 您家土地(含旱地、水田、山地等)面积有_____亩,柑橘种植面积有_____亩,其中山地种植柑橘_____亩,平坝种植柑橘_____亩。

16. 您家柑橘地是否连片?

A. 是(跳转到第17题)　B. 否

16.1　如果不连片的话,有_____块。

17. 您家是否租出或者租入土地种柑橘?

A. 租出土地(跳转到17.1题)　B. 租入土地(跳转到17.2题)　C. 都有(跳转到17.3题)　D. 都没有(跳转到18题)

17.1　如果租出土地,租出山地_____亩,每亩租金为_____元;租出田地/旱地_____亩,每亩租金为_____元。

17.2 如果租入土地,租入山地_____亩,每亩租金为_____元;租入田地/旱地_____亩,每亩租金为_____元。

17.3 如果租出土地,租出山地_____亩,每亩租金为_____元;租出田地/旱地_____亩,每亩租金为_____元。如果租入土地,租入山地_____亩,每亩租金为_____元;租入田地/旱地_____亩,每亩租金为_____元。

18. 您家的柑橘地平均每亩使用肥料的成本_____元,农药的成本_____元,平均农药的使用频率一年_____次;肥料的使用频率一年_____次;每棵苗木购买平均价格_____元。一亩地种_____株柑橘苗。

19. 您的农药和肥料主要从哪里购买?

A. 农资门店　B. 下村农资推销员处(跳转到 19.2 题)　C. 直接与厂商对接(跳转到 19.3 题)　D. 合作社(跳转到 20 题)　E. 其他_____(跳转到 20 题)

19.1 您从农资门店购买考虑的因素有哪些?(多选)

A. 老熟人,关系好　B. 方便　C. 质量好　D. 习惯自己购买　E. 可选择的产品多　F. 提供技术指导

19.2 农资推销员主要通过什么途径推销?

A. 和村干部对接　C. 请种植户吃饭送　D. 免费给农户提供试验　D. 直接劝说购买　E. 其他_____

19.3 您与厂商对接所购买农药和肥料的价格为:

A. 县级代理商价格　B. 市级代理商价格　C. 省级代理商价格

20. 您用的是否为有机肥?

A. 是　B. 否

21. 您的苗木主要是从哪里购买?

A. 自己育苗　B. 育苗大户　C. 合作社　D. 公司　E. 科研单位　F. 其他_____

22. 您最需要哪方面的技术?(可多选)

A. 病虫害防治　B. 运输机械　C. 施肥指导　D. 嫁接技术　E. 包装

加工　F. 疏果技术　G. 修枝技术　H. 其他_____

23. 您获得技术的渠道有哪些？（多选）

A. 临近的农户那里　B. 农业技术指导员那里　C. 自学　D. 专业合作社　E. 培训和观摩　F. 雇用有技术的零工　G. 村里的种植能手
H. 其他_____

24. 近三年,您是否参加过柑橘的技术培训？

A. 参加过　B. 未参加

25. 柑橘地是否结合其他种植养殖？（多选）

A. 没有　B. 林下种豆　C. 林下养鸡　D. 其他_____

26. 您家果园采用的灌溉方式：

A. 滴灌/喷灌　B. 漫灌　C. 人工挑水灌　D. 沟灌　E. 其他_____

27. 您是否愿意引进新的柑橘品种？　A. 愿意　B. 不愿意

28. 家庭人口_____人,劳动力_____人,从事柑橘生产的劳动力
_____人,从事柑橘生产_____年,外出务工_____人。

29. 家庭劳动力能否满足柑橘的种植需要？

A. 能　B. 不能

30. 柑橘种植是否需要雇用劳动力？

A. 需要　B. 不需要（跳转到 33 题）

31. 您需要雇用劳动力从事什么工作？（多选）

A. 除草　B. 施肥　C. 打药　D. 疏果　E. 套袋　F. 采摘　G. 装运
H. 销售

32. 您倾向于雇用本地劳动力还是外地劳动力？

A. 本地　B. 外地

33. 您家的柑橘有没有投产？

A. 没有（跳转 34）　B. 有

33.1　如果有,您去年柑橘销售量_____斤,毛收入_____元,占
您家总收入_____%。

34. 您家柑橘的销售渠道有哪些？（多选）

A. 自己去农贸市场销售　B. 代办　C. 合作社收购　D. 超市直供

E. 电商平台或微商   E. 其他_____

35. 您所在的村代办数量为_____个。

36. 所在村的代办人身份是什么？（多选）

A. 村支书   B. 组长   C. 本村种植大户   D. 普通农户   E. 外村过来的代办

37. 您家果园是不是处在椪柑产业园区？

A. 是   B. 否

38. 您家在种植柑橘的过程中有没有享受过政策补贴？

A. 有   B. 没有（跳转到 39 题）

38.1   如果有的话，是哪些项目？

A. 坡改梯   B. 高标准果园建设   C. 老品种改造   D. 土地流转补贴

E. 种苗补贴   F. 喷灌、滴灌等基础设施建设   G. 其他_____

39. 您认为椪柑产业园区内的果子与其他地方的果子品质上有区别吗？

A. 区别不大   B. 有区别   C. 没区别

40. 您认为椪柑产业园区的建成对您的柑橘发展有哪些影响？（多选）

A. 提高了区域品牌知名度   B. 销售更便捷   C. 柑橘技术有示范作用

D. 柑橘品种有示范作用   E. 没有影响

41. 您认为椪柑产业园的辐射面积有多广？

A. 百家池村   B. 园区范围内   B. 高台镇和白果乡   C. 整个青竹县

D. 整个眉山市

42. 在柑橘经营过程中您最担心的问题是什么？（可多选）

A. 资金不足   B. 劳动力不足   C. 技术不足   D. 市场价格不好

E. 自然灾害   F. 其他_____

43. 遇到劳动力不足问题，如果价格合适，有人托管或者流转您的柑橘地，您是否愿意？

A. 愿意   B. 不愿意

44. 在柑橘生产过程中您有遇到过资金困难情况吗？

A. 有   B. 无（跳转到 45 题）

44.1   遇到资金困难，您是怎么解决的？

A. 找亲戚朋友借　B. 找银行等贷款　C. 赊欠一段时间　D. 其他

45. 如果还有土地,您未来一年对柑橘种植规模有何规划?

A. 扩大规模　B. 缩小规模　C. 不变

46. 近些年县里大面积种植柑橘,如果遇到柑橘行情不好,对您的家庭影响大不大?

A. 非常大,不能承受　B. 有一定影响,但可以承受　C. 影响不是很大,有其他收入来源　D. 无影响

附录二：青府发〔2013〕20 号

青竹县人民政府文件　青府发〔2013〕20 号

青竹县人民政府

关于印发青竹县加快椪柑产业发展实施意见的

通知

各乡镇人民政府、县级相关部门：

《青竹县加快椪柑产业发展实施意见》已经中共青竹县委十三届第 55 次常委会和青竹县十六届人民政府第 38 次常务会审定，现印发你们，请认真贯彻执行。

2013 年 11 月 27 日

青竹县加快椪柑产业发展实施意见

椪柑产业是我县农民增收的支柱产业之一。当前，青竹椪柑产业正处于从初级阶段向中级阶段转变的关键时期。为进一步促进我县椪柑产业转型升级，发展椪柑产业业态，特提出如下意见。

一、发展目标

坚持"做优、做晚"和"鲜销为主、加工为辅"两大发展思路。到 2016 年，全县新植（高换）椪柑面积 5 万亩，总面积达 10 万亩以上，椪柑年产量达 15 万吨以上，建立椪柑产业园区 1 个，新培育销售收入 5 000 万元的椪柑营销企业 1 家以上，新建 5 000 吨椪柑气调库 1 座，新建椪柑深加工企业 1 家以上，实现椪柑产业生产、加工、销售、休闲、体验、文化有效衔接，把青竹建设成为名扬四海的椪柑之乡。

二、工作重点

（一）建园区提品质，实现"有人种、种好果"

大园区、小业主，吸引农民向椪柑产业集聚。以白果乡、高台乡、汉阳镇、河坝子镇为核心建立约 50 平方公里的椪柑产业园区，带动全县椪柑产业发展。培育椪柑专业合作社（协会）家庭农场、专业大户 500 个以上，推行业主（合作社）代种代管模式，实现"小户"向"大户"转变、传统式种植向标准化生产转变、粗放式经营向集约化经营转变。

做晚青竹椪柑，加快晚熟精品基地建设。打造以白果乡甘家沟村、高台乡百家池村等为核心的 25 公里椪柑环线，重点推广中熟椪柑留树保鲜，延迟采收两个月以上；以汉阳镇新路、上游村为核心的 15 公里杂柑产业环线，重点推广"马克斗"晚熟杂柑；以河坝子镇杨店村、高台乡傅塘村为核心的 10 公里河高产业环线，重点推广不知火、青见等晚熟品种。环线内消除"插花林""飞花地"，逐步实现椪柑产业全覆盖。椪柑早、中、晚熟比例逐步达到 10：35：55。

做优青竹椪柑，推广椪柑质量标准化体系。突出果形端庄、含糖量高等核心指标，完善青竹优质椪柑生产标准。紧密联系国内知名柑橘科研院所，与本地科技人员、"土专家"开展"院地"合作，重点"攻关"培育示范椪柑新品种。建立苗木繁育体系，实现集中育苗、统一供种。加强标准化技术集成示范，推广种养结合、"改土、改肥、改种"配套、绿色防控等标准化技术，逐步实现椪柑绿色、有机食品全覆盖。建立由椪柑技术人员和土专家组成的技术团队，实施技术有偿外包，外包面积达 3 万亩以上。

（二）育主体强营销，解决"有人卖、卖好价"

培育营销龙头企业。采取政府入股、业主控股、果农参股的形式，组建青竹县椪柑产业发展有限公司，集生产、管理、营销一体化发展。内联农户，订单式生产。对椪柑基地划片区承包给技术人员，长期进行技术跟踪，随时提供技术服务；外联市场，整合全县椪柑销售网络和经纪人，组团营销。统一使用"青竹椪柑"品牌，加强椪柑包装的升级改进。

建立冷链物流体系，拓宽销售渠道。引入社会资本，新建椪柑气调库，配套冷链物流车辆和设备，实现椪柑"预冷处理"，全程冷链配送，延长椪柑保质期。依托省内外椪柑出口企业，打通东南亚和俄罗斯等国外市场，逐步实现自主出口。

电子商务促销。充分利用青竹电子商务产业基地优势，搭建椪柑网上销售平台，鼓励培育电子商务企业和业主，扩大青竹椪柑影响力和销售渠道。

（三）引加工促配套，产业"有调节、稳收益"

以椪柑深加工作为市场调节，增强果农抵御市场风险能力。积极招商引资，引入国内先进椪柑加工技术，填补椪柑产业深加工空白，建立优果鲜销、次果加工、果皮提取果胶的完整产业链条。发展都市近郊型观光农业。培育新、奇、特椪柑品种，打造特色农业景观和节点，实现农区向景区转变。发展会节经济，促进一三产业融合发展。

三、保障措施

（一）组织领导

成立青竹县椪柑产业发展领导小组，由分管农业副县长任组长，相关部门和乡镇为成员。领导小组下设椪柑产业发展办公室于县农业局，农业局局长兼任办公室主任。椪柑产业发展办公室负责全县椪柑产业发展、营销推广、招商引资等。县财政安排椪柑产业发展专项资金500万元，每年递增100万元。

（二）项目配套

坚持"产业发展到哪里，基础设施就配套到哪里"的原则，整合涉农项目资金投入椪柑园区和基地建设。

（三）政策扶持

在全县发展特色农业政策基础上，降低椪柑产业奖补"门槛"，提高标准，重点扶持椪柑品种培育、市场营销和深加工。

（四）示范评比

每年开展"椪柑营销精英""椪柑最佳包装""椪柑优质果园""科技示范户"等评比活动，给予优胜者现金奖励。

（五）兑现奖励

分解落实椪柑产业发展目标和工作重点，对相关乡镇和部门进行专项目标考核。每年召开椪柑产业发展大会，总结经验，表彰先进，兑现奖励。

附录三：调研照片

导师吴惠芳教授(左)带领调研

和村妇女主任(中)一起搜集资料

访谈县退休老干部(左)

访谈种植农户(左)

参 考 文 献

【中文文献】

艾利思,2005.农民经济学:农民家庭农业和农业发展[M].胡景北,译.上海:上海人民出版社.

毕思斌,张劲松,2020.论政商关系互动的演变过程与路径重塑:兼评"放管服"改革对政商关系的影响[J].河南师范大学学报(哲学社会科学版)(3):41-46.

边燕杰,郭小弦,李晓光,2020.市场化与社会资本的变迁:1999—2014[J].开放时代(4):140-157.

波兰尼,2007.大转型:我们时代的政治与经济起源[M].冯钢,刘阳,译.杭州:浙江人民出版社.

伯恩斯坦,2011.农政变迁的阶级动力[M].汪淳玉,译.北京:社会科学文献出版社.

曹正汉,2011.中国上下分治的治理体制及其稳定机制[J].社会学研究(1):1-5.

陈翰笙,1984.帝国主义工业资本与中国农民[M].陈绛译.上海:复旦大学出版社.

陈航英,2020.中国的农业转型:基于农村四十年发展历程的思考[J].南京农业大学学报(社会科学版)(3):69-78.

陈航英,2019.干涸的机井:资本下乡与水资源攫取:以宁夏南部黄高县蔬菜产业为例[J].开放时代(3):150-168.

陈健,苏志豪,2019.小农户与现代农业有机衔接:结构、模式与发展走向——基于供给侧结构改革的视角[J].南京农业大学学报(社会科学版)(5):74-85.

陈靖,冯小,2019.农业转型的社区动力及村社治理机制:基于陕西D县河滩村冬枣产业规模化的考察[J].中国农村观察(1):2-14.

陈林生,2013.市场的社会结构:场域理论对市场社会学的应用[J].华东理工大学学报(社会科学版)(4):1-9.

陈乔娜,孙宁波,2017.粮食安全视角下的宁夏农地流转非粮化研究[J].广东农业科学(9):154-159.

陈首哲,2009.市场经济视野下的"价格双轨"与"双轨合一"[J].海南大学学报(人文社会科学版)(4):407-412.

陈锡文,2010.工商资本下乡后农民从业蜕变成雇工[J].共产党员(17):33.

陈向明,1996.社会科学中的定性研究方法[J].中国社会科学(6):93-102.

陈尧,2007.政治研究中的庇护主义:一个分析的范式[J].政治学研究(3):84-91.

陈耀庭，戴俊玉，2014. 不同流通模式下农产品流通成本构成与利润分配：基于漳州香蕉的实证研究[J]. 中国流通经济(10):121-128.

陈义媛，2018. 中国农资市场变迁与农业资本化的隐性路径[J]. 开放时代(3):95-11.

陈义媛，2019b. 中国农业机械化服务市场的兴起：内在机制及影响[J]. 开放时代(3):169-183.

陈义媛，2019c. 资本下乡的社会困境与化解策略：资本对村庄社会资源的动员[J]. 中国农村经济(8):128-144.

成岚，2017. 全国农民专业合作社数量达 193 万多家[ED/OL]. (2017-09-09)[2023-10-20]. http://www. xinhuanet. com//2017-09/04/c_129695890. htm.

程欣炜，林乐芬，2020. 农产品电商对小农户有机衔接现代农业发展效率的影响研究[J]. 华中农业大学学报(社会科学版)(6):37-47.

崔宝玉，谢煜，2014. 农民专业合作社："双重控制"机制及其治理效应[J]. 农业经济问题(6):60-67.

邓燕华，张莉，2020. "捆绑式政策执行"：失地社保与征地拆迁[J]. 南京社会科学(5):79-86.

董颖鑫，2012. 当代中国乡村典型产生的动力机制溯源[J]. 天津社会科学(2):68-72.

恩格斯，1965. 法德农民问题[C]//中共中央马克思恩格斯列宁斯大林著作编译局. 马克思恩格斯全集第2卷. 北京:人民出版社:563-587.

范德普勒格，2016. 新小农阶级：世界农业的趋势与模式[M]. 潘璐，叶敬忠，等译. 北京:社会科学文献出版社.

范德普特格，2020. 小农与农业的艺术：恰亚诺夫宣言[M]. 潘璐，译. 北京:社会科学文献出版社.

方康云，2001. 俄罗斯的家庭农场[J]. 世界农业(12):23.

费孝通，2008. 乡土中国[M]. 北京:人民出版社.

费孝通，1999. 费孝通文集(第13卷)[M]. 北京:群言出版社.

冯小，2014. 农民专业合作社制度异化的乡土逻辑：以"合作社包装下乡资本"为例[J]. 中国农村观察(2):2-8.

冯小，2015. 新型农业经营主体培育与农业治理转型：基于皖南平镇农业经营制度变迁的分析[J]. 中国农村观察(2):23-32.

付伟，2020. 农业转型的社会基础：一项对茶叶经营细节的社会学研究[J]. 社会(4):26-51.

高剑平，牛伟伟，2020. 技术资本化的路径探析：基于马克思资本逻辑的视角[J]. 自然辩证法研究(6):40-44.

高娜，2011. 时间与人的存在和发展[J]. 郑州大学学报(哲学社会科学版)，(4):18-22.

高强，孔祥智，2013. 我国农业社会化服务体系演进轨迹与政策匹配:1978～2013年[J]. 改革(4):5-18.

格兰诺维特，2007. 镶嵌：社会网与经济行动[M]. 罗家德，译. 北京:社会科学文献出版社.

龚建明，2017. 低价、赊销都是坑[J]. 农药市场信息(2):46.

龚为纲，2015. 项目制与粮食生产的外部性治理[J]. 开放时代(2):103-122.

龚为纲，张谦，2016. 国家干预与农业转型[J]. 开放时代(5):57-75.

韩喜平,何况,2019.劳动社会关系分析与和谐劳动构建:马克思《雇佣劳动与资本》的方法论启示[J].马克思主义理论学科研究(6):23-30.

郝华勇,2018.以特色小镇引领农村一二三产业融合发展研究[J].农业经济(2):3-5.

何蒲明,全磊,2014.对当前耕地"非粮化"现象的分析:基于粮食安全的视角[J].长江大学学报(自然科学版)(11):73-75.

何蓉,2017.边疆、边界与国家:韦伯的"农业—政治"研究的理论启发[J].社会(5):1-23.

何增科,周凡,2008.农业的政治经济学[M].重庆:重庆出版社.

贺雪峰,2000.论半熟人社会:理解村委会选举的一个视角[J].政治学研究(3):61-69.

贺雪峰,印子,2015."小农经济"与农业现代化的路径选择:兼评农业现代化激进主义[J].政治经济学评论(2):45-65.

华生,张宇,汲铮,2020.中国独特的价格双轨制改革道路的成因:中华人民共和国成立70年回看历史的透视[J].中国经济史研究(4):14-29.

黄国庆,2012.农业现代化概论[M].北京:中国农业出版社.

黄宗智,高原,2013.中国乡村研究:第10辑[M].福州:福建教育出版社.

黄宗智,高原,彭玉生,2012.没有无产化的资本化:中国的农业发展[J].开放时代(3):10-30.

姜燕,2012.农产品流通面临的社会性问题[J].山西财经大学学报(1):67-68.

蒋神州,2017.泛家文化、差序格局与公司治理的合谋防范[J].社会科学家(7):62-65.

焦长权,周飞舟,2016."资本下乡"与村庄的再造[J].中国社会科学(1):100-116.

考茨基,1955.土地问题[M].梁琳,译.北京:生活·读书·新知三联书店.

孔祥智,谢东东,2023.中国式农业现代化:探索历程、基本内涵与实施路径[J].浙江工商大学学报(2):82-91.

孔祥智.2014.新型农业经营主体的地位和顶层设计[J].改革(5):32-34.

李秉龙,薛兴利,2009.农业经济学[M].北京:中国农业大学出版社.

李春海,2011.新型农业社会化服务体系框架及其运行机理[J].改革(10):79-84.

李典军,2020.中国农政思想起源研究[J].古今农业(4):31-47.

李凤瑞,万国庆,1993.对生产资料价格双轨制的回顾与思考[J].河北师范大学学报(2):43-44.

李华,汪淳玉,叶敬忠,2018.资本下乡与隐蔽的水权流动:以广西大规模甘蔗种植为例[J].开放时代(4):185-196.

李林倬,2013.基层政府的文件治理:以县级政府为例[J].社会学研究(4):101-128.

李耀锋,张余慧,2020.内生型新型农业经营主体带动小农户发展的动力机制:基于嵌入性理论的个案研究[J].中国农业大学学报(社会科学版)(1):38-47.

李云新,王晓璇,2015.资本下乡中利益冲突的类型及发生机理研究[J].中州学刊(10):43-48.

厉伟,李志国.2000.创建农产品经纪人制度,推动农产品流通体制改革[J].经济研究参考(45):29-30.

梁栋,2020.政府主导型农业转型:过程、动力与制度性治理机制:以林镇为例[D].中国农业大学博士学位论文.

梁栋,2018.青年农民从事农业的市场与组织困境及其突围:基于西部L镇31个青年农民的个案研究[J].中国青年研究(3):97-105.

梁栋,吴存玉,2019.乡村振兴与青年农民返乡创业的现实基础、内在逻辑及其省思[J].现代经济探讨(5):125-132.

梁栋,吴惠芳,吴存玉,2019.农业转型的政治经济学理论回顾与中国经验[J].人文杂志(10):44-53.

廖小军,2005.城市化中失地农民与制度安排的合理化[J].社会科学辑刊(2):51-54.

列宁,1956.俄国资本主义的发展[M].曹保华,译.北京:人民出版社.

林立,张志新,黄海蓉,2020.农业技术进步对农民增收的影响机理分析:来自黑、苏、皖、鲁、川、贵6省的证据[J].重庆社会科学(6):27-37.

刘刚,2014.鲜活农产品流通模式演变动力机制及创新[J].中国流通经济(1):33-37.

刘豪兴,2003.农村社会学[M].北京:中国人民大学出版社.

刘后平,张荣莉,王丽英,2020.新中国农民合作社70年:政策、功能及演进[J].农村经济(4):1-9.

刘世定,2011.经济社会学[M].北京:北京大学出版社.

刘同山,周振,孔祥智,2014.实证分析农民合作社联合社成立动因、发展类型及问题[J].农村经济(4):7-12.

卢宝周,谭彩彩,王芳芳,等.2020.外生式农村电商生态系统构建过程与机制:基于农村淘宝的案例[J].系统管理学报(4):762-771.

陆学艺,1991.当前农村社会分层研究的几个问题[J].改革(6):157-163.

露丝·本尼迪克特,2009.文化模式[M].王炜,等译.北京:社会科学文献出版社.

罗浩轩,2018.当代中国农业转型"四大争论"的梳理与评述[J].农业经济问题(5):33-42.

罗永仕,2020."谣言"与转变:地方政府环境治理的风险平衡逻辑:基于广西速生桉种植政策的分析[J].中国农业大学学报(社会科学版)(2):75-83.

洛佩兹,斯科特,2007.社会结构[M].允春喜,译.吉林:吉林人民出版社.

马克思,2004b.资本论(第3卷)[M].北京:人民出版社.

马克思,2009.马克思恩格斯文集(第3卷)[M].中共中央马克思恩格斯列宁斯大林著作编译局译.北京:人民出版社.

马流辉,2016."脱嵌"的土地流转:实现机制与社会效应[J].内蒙古社会科学(5):159-165.

马增俊,2014.中国农产品批发市场发展现状及热点问题[J].中国流通经济(9):8-12.

孟庆国,董玄,孔祥智,2021.嵌入性组织为何存在?供销合作社农业生产托管的案例研究[J].管理世界(2):165-184.

米正华,2013.风险社会理论视角下的农村社会矛盾防控[J].江西社会科学(9):180-184.

缪德刚,2018.从计划到市场:20世纪80年代中国价格改革思路的形成:以1984年中青年经济科学工作者学术讨论会为中心[J].中国经济史研究(5):57-66.

宁夏,2015.市场中求生存:葛村小农的商品生产[D].中国农业大学博士学位论文.

潘璐,2021.村集体为基础的农业组织化:小农户与现代农业有机衔接的一种路径[J].中国农村经济(1):112-124.

潘璐,周雪,2016.资本农场中的农业雇工:剥夺与异化:对四川葛村资本农场的实地研究[J].中国农业大学学报(社会科学版)33(2):15-24.

恰亚诺夫,1929.社会农业及其根本思想与工作方法[M].王冰若,译.上海:亚东图书馆.

恰亚诺夫,1996.农民经济组织[M].萧正洪,译.北京:中央编译出版社.

秦晖,1996.当代农民研究中的"恰亚诺夫主义"[M]//A.恰亚诺夫.农民经济组织.萧正洪,译.北京:中央编译出版社.

任大鹏,赵鑫,2019.马恩的合作社思想与当代合作社价值反思[J].华中农业大学学报(社会科学版)(4):13-20.

任焰,潘毅,2006.宿舍劳动体制:劳动控制与抗争的另类空间[J].开放时代(3):124-134.

任宇东,王毅杰,2020."关系控制":农业生产中的劳动过程研究——以鲁东地区A村烟草产业为例[J].南京农业大学学报(社会科学版)(5):83-93.

石如东,1995.粮食:美国对外政策中的战略武器[J].当代思潮(2):49-57.

史美兰,2006.农业现代化:发展的国际比较[M].北京:民族出版社.

舒尔茨,2006.改造传统农业[M].梁小民,译.北京:商务印书馆.

斯科特,2013.农民的道义经济学:东南亚的反叛与生存[M].程立显,等译.北京:译林出版社.

孙琳,2020.规训社会、生命政治与帝国主权:《帝国》与全球化政治秩序的范式转换[J].世界哲学(6):46-56.

孙昕,徐志刚,陶然,等,2007.政治信任、社会资本和村民选举参与:基于全国代表性样本调查的实证分析[J].社会学研究(4):165-187.

孙新华,2015.农业规模经营主体的兴起与突破性农业转型:以皖南河镇为例[J].开放时代(5):106-124.

孙新华,2015.再造农业:皖南河镇的政府干预与农业转型(2007—2014)[D].华中科技大学博士学位论文.

谭明方,2005.论农村社会结构与农村体制改革[J].中南民族大学学报(人文社会科学版)(1):89-93.

谭守彰,2009.毛泽东与中国农业现代化[M].长沙:湖南大学出版社.

田锡全,2006.革命与乡村:国家、省、县与粮食统购统销制度:1953—1957[M].上海:上海社会科学院出版社.

田锡全,2014.演进与运行:粮食统购统销制度研究(1953—1985)[M].上海:上海人民出版社.

王富伟,2012.个案研究的意义与限度:基于知识的增长[J].社会学研究(5):161-181.

王海娟,2020.资本下乡与乡村振兴的路径:农民组织化视角[J].贵州社会科学(6):163-168.

王海娟,2015.资本下乡的政治逻辑与治理逻辑[J].西南大学学报(社会科学版)(4):47-54.

王书娟,2014.功能主义视角下我国土地征收程序之完善[J].福建论坛(8):17-23.

吴存玉,2023.农业龙头企业对合作农户的嵌入式治理:基于东华糖厂的案例考察[J].中国农业大学学报(社会科学版)(1):83-100.

吴存玉,2020.基于国家、市场与农民视角的中国作物热潮研究:以广西甘蔗产业为例[D].中国农业大学博士学位论文.

吴鹏森,1995.差序和隶属:中国社会的潜结构[J].安徽师范大学学报(1):66-73.

吴重庆,2011.从熟人社会到"无主体熟人社会"[J].读书(1):19-25.

武广汉,2012."中间商+农民"模式与农民的半无产化[J].开放时代(3):100-111.

夏柱智,2015.半耕半工:城市化背景下农民阶层及分化研究[D].华中科技大学博士学位论文.

夏柱智,贺雪峰,2017.半工半耕与中国渐进城镇化模式[J].中国社会科学(12):117-137.

肖剑,罗必良,2023.中国式农业现代化的核心命题:小农户如何走向农地规模化经营:来自农民工回流农户的证据[J].农村经济(2):10-22.

谢双明,2010.马克思主义经典作家关于东方农民合作经济理论的论述[J].社科纵横(1):1-7.

谢小芹,简小鹰,2015."互嵌":市场规则与基层社会:基于农资"赊账"现象的社会学探讨[J].南京农业大学学报(社会科学版)(5):13-24.

熊春文,李阳阳,柯雪龙,2020.农业社会学的主要议题,研究现状与前景展望:第三届中国农业社会学论坛观点综述[J].中国农业大学学报(社会科学版)(1):5-14.

徐勇,2002.庄园经济:资本农业的结晶[J].学习与实践(7):15-16.

徐宗阳,2016.资本下乡的社会基础:基于华北地区一个公司型农场的经验研究[J].社会学研究,(5):63-87.

徐宗阳,2019.资本下乡的农业经营实践:一个公司型农场内部的关系与风气[J].南京农业大学学报(社会科学版)(6):49-60.

许悦,陈卫平,2020.资本下乡如何嵌入本地农村社区?——基于117家生态农场的实证研究[J].南京农业大学学报(社会科学版)(2):69-80.

薛选登,张一方,2017.产粮大县耕地"非粮化"现象及其防控[J].中州学刊(8):40-45.

严海荣,2015."中国农业的发展道路"专题导言[J].开放时代(5):13-17.

严海蓉,陈义媛,2015.中国农业资本化的特征和方向:自下而上和自上而下的资本化动力[J].开放时代(5):49-69.

杨慧,蔡文,2013.订单农业中龙头企业与农户合作关系研究的新进展[J].河北学刊(2):128-132.

杨生平,张晶晶,2020.资本逻辑的现代性悖论及其合理规制:论马克思对《资本论》语境下的资本逻辑批判[J].河北经贸大学学报(2):16-23.

杨水根,2014.资本下乡支持农业产业化发展:模式、路径与机制[J].生态经济(11):89-92.

杨宗锦,张海燕.2008.西部地区农产品市场体系建设研究[J].中国流通经济(7):70-72.

叶敬忠,2016.农政与发展当代思潮(第一卷)[M].北京:社会科学文献出版社:149-173.

叶敬忠,吴存玉,2019.马克思主义视角的农政问题与农政变迁[J].社会学研究(2):1-24.

叶敬忠,吴惠芳,许惠娇,等,2016.土地流转的迷思与现实[J].开放时代(5):76-91.

叶毅,2019.中国农资市场渠道变革与发展趋势探讨[J].营销与渠道(11):41-42.

易小燕,陈印军,2010.农户转入耕地及其"非粮化"种植行为与规模的影响因素分析:基于浙江、河北两省的农户调查数据[J].中国农村观察(6):2-10.

苑鹏,丁忠兵,2018.小农户与现代农业发展的衔接模式:重庆梁平例证[J].改革(6):106-114.

曾红萍,2017.国家与市场的双重变奏:生猪养殖中的范式转型[D].北京:中国农业大学博士论文.

张琛,孔祥智,2019.组织嵌入性对农民合作社绩效的影响研究:基于多案例的实证分析[J].财贸研究(2):64-73.

张立鹏,2005.庇护关系:一个社会政治的概念模式[J].经济社会体制比较(3):131-136.

张藕香,姜长云,2016.不同类型农户转入农地的"非粮化"差异分析[J].财贸研究(4):24-31.

张新光,2008.农业资本主义演进的"美国式道路"及其新发展[J].新疆大学学报(哲学人文社会科学版)(4):5-9.

赵巧凤,2017.列宁合作社思想研究[D].兰州:兰州大学硕士学位论文.

赵琼,2009.制度嵌入与关系嵌入:银行信贷交易的经济社会学分析[M].北京:社会科学文献出版社:38-39.

赵祥云,赵晓峰,2016.资本下乡真的能促进"三农"发展吗?[J].西北农林科技大学学报(社会科学版)(4):17-22.

赵晓峰,付少平,2015.多元主体、庇护关系与合作社制度变迁:以府城县农民专业合作社的实践为例[J].中国农村观察(2):2-12.

赵晓峰,孔荣,2014.中国农民专业合作社的嵌入式发展及其超越[J].南京农业大学学报(社会科学版)(5):42-52.

赵晓峰,赵祥云,2018.新型农业经营主体社会化服务能力建设与小农经济的发展前景[J].农业经济问题(4):99-107.

折晓叶,陈婴婴,2011.项目制的分级运作机制和治理逻辑:对"项目进村"案例的社会学分析[J].中国社会科学(4):126-148.

郑淋议,2020.中国农业经营制度:演变历程、问题聚焦与变革取向[J].农村经济(1):88-95.钟甫宁,2010.农业政策学[M].北京:中国农业出版社.

周飞舟,2018.行动伦理与"关系社会":社会学中国化的路径[J].社会学研究(1):41-62.

周飞舟,何奇峰,2021.行动伦理:论农业生产组织的社会基础[J].北京大学学报(哲学社会科学版)(6):88-97.

周娟,2016.家庭农场的本土化实践与发展[M].武汉:华中科技大学出版社.

周黎安,2007.中国地方官员的晋升锦标赛模式研究[J].经济研究(7):36-50.

周雪光,2004.组织社会学十讲[M].北京:社会科学文献出版社。

朱炳祥,2004.继嗣与交换:地域社会的构成:对摩哈苴彝村的历史人类学分析[J].民族研究,(6):32-39.

朱启臻,2009.农业社会学[M].北京:社会科学文献出版社.

【英文文献】

CHAYANOV A V, 1991. The theory of peasant co-operatives [M]. Columbus: Ohio

State University Press.

COCHRANE W W, 1993. The development of American agriculture: a historical analysis [M]. Minnesota: University of Minnesota Press.

DURKHEIM E, 1982. The rules of the sociological method [M]. London: Macmillan.

FRIEDMAN H, 1978. World market, state, and family farm: social bases of household production in an era of wage labor [J]. Comparative Studies in Society and History, (20):545 – 586.

HART G, 1989. Agrarian Change in the Context of State Patronage [M]//Gillian Hart, Andrew Turton, and Benjamin White(eds.), Agrarian Transformation: Local Process and the State in Southeast Asia. Berkeley: University of California Press.

MANN S A, DICKINSON J M, 1978. Obstacles to the development of a capitalist agriculture [J]. Journal of Peasant Studies, 5(4):466 – 481.

MCMICHAEL P. 2009. A food regime genealogy [J]. The Journal of Peasant Studies, 36 (1):139 – 169.

MINOIA P, 2020. Corporate land grabs: Colonial continuity and space of exception in Kenya [J]. Land Use Policy, 99:1 – 8.

MOONEY P H, 1983. Toward a class analysis of midwestern agriculture [J]. Rural Sociology, (48):563 – 584.

MOONEY P H, 1987. Desperately seeking: one dimensional mann and dickinson [J]. Rural Sociology, (52):286 – 295.

PINCUS J, 1990. "Approaches to the Political Economy of Agrarian Change in Java" [J]. Journal of Contemporary Asia, 20(1):3 – 40.

VAN DUY L, AMEKAWA Y, ISODA H, et al., 2020. Are socialist domestic land grabs egalitarian? Insights from a case involving a rubber plantation in Dien Bien Province, Vietnam [J]. Geoforum, 114: 89 – 106.

WILLIAMSON O E, 1979. Transaction-Cost economics: the governance of contractual relations [J]. Journal of Law and Economics, (22):233 – 261.

XU Yunan, 2018. Land grabbing by villagers? Insights from intimate land grabbing in the rise of industrial tree plantation sector in Guangxi, China [J]. Geoforum, 96 (1): 141 – 149.

索　引

后　　记

　　本书是在我博士论文的基础上修改完成的,这不仅是个人的学术成果,也凝聚了导师、家人、同事和朋友们无私的支持与陪伴。2017年,我怀揣着对社会学进一步探寻的理想,从江南水乡来到首都北京,并有幸成为中国农业大学人文与发展学院的第一届社会学博士研究生。博士毕业后,我于2022年2月回到母校江南大学社会学系成为一名教师,完成了从学生时代到职场工作的跨越。博士论文的撰写阶段是每个科研工作者最为刻骨铭心的回忆,为了将这段回忆与大家分享,并永存下来,决定将其修改出版,也算是对自己以及在科研道路上给予我帮助的人的回馈。

　　感谢导师吴惠芳教授对我的学术指导和生活的时刻关心,让我有机会在温馨的环境中实现自己的科研梦。初入社会学的大门,对一切都显得陌生,吴老师希望我能够突破以往的惯性思维,在农业社会学领域挑战自己,获得突破。在对学术研究最为迷茫和焦虑的时刻,吴老师亲自带我前往四川开展学术调研,在和吴老师的调研和讨论中,我明确了自己的研究选题。经过田野调研和经典阅读,我逐步明晰了本书的研究框架和写作思路。毕业后每年暑假还能够参与师门的田野调查,工作后依然能够获得导师的指导和教诲,何其荣幸! 感谢中国农业大学人文与发展学院的叶敬忠教授、任大鹏教授、熊春文教授、潘璐教授、贺聪志副教授、陈义媛副教授等在我读博期间对我的指导。

　　感谢江南大学社会科学处处长王建华教授和法学院副院长李俏教授。两位教授是我的硕士生导师,在他们的指导和鼓励下,我才有信心攻读博士学位。无论是在学生时期,还是在工作阶段,两位教授始终不断鞭策、鼓励和指导我，时刻关心我的生活和工作，如同灯塔一样，为我照亮前进的方向。他们亲切谦和的人格魅力以及治学严谨的态度，始终影响着我成长，将是我一生学习的标杆。本书的完成得益于两位老师在出版建议、时间把控、写作规范等方面的详细指导。

能够顺利完成田野调查，要感谢调研点的政府工作人员、村干部、合作社理事长、农户们的配合与帮助，犹记得王军书记（现任县人大副主任）领着我下村安顿住宿，和村支书畅聊柑橘产业发展到深夜，调研农户热情地拿出柑橘与我们分享。2024 年 8 月有幸重返田野点，久违的亲切感扑面而来，道路两旁的柑橘树已经挂上了果袋，小农户依然是种植柑橘的重要主体，果农们掌握的种植技术日渐成熟。此刻回首调研过程历历在目，感谢每一位访谈对象与我的交流，为本书的观点提供真实且有意义的素材。

感谢父母为我提供自由温馨的成长空间，并在背后默默地付出与支持。感谢江南大学社会科学处和法学院为本书的出版提供资助。

陈健

2024 年 8 月 8 日

江苏无锡·江南大学法学院